I libretti d'Opera

Nuova collana a cura di Eduardo Rescigno

Wolfgang Amadeus Mozart

La clemenza di Tito

K. 621

Dramma serio in due atti di

Pietro Metastasio e Caterino Mazzolà

Testi a cura di Eduardo Rescigno

via Liguria, 4 - 20098 Sesto Ulteriano San Giuliano Milanese (MI)

Printed in Italy

139334
ISBN 88-7592-794-4
www.ricordi.it print@ricordi.it

Avvertenza. Ripubblichiamo senza varianti, se non di ordine tipografico, il libretto pubblicato in occasione della prima rappresentazione dell'opera al Teatro Nazionale di Praga il 6 settembre 1791: "**La clemenza / di Tito**, / dramma serio per musica / in due atti / da rappresentarsi / nel Teatro Nazionale / di Praga / nel settembre 1791. / In occasione di sollenizzare / il giorno dell'incoronazione / di sua / Maesta l'Imperatore / Leopoldo II. / Nella stamperia di Nob. de Schönfeld." (sigla **L**). Nelle note sono indicate le varianti rispetto al testo musicato, facendo riferimento all'edizione critica dell'opera a cura di Franz Giegling, nell'ambito della *Neue Ausgabe sämtlicher Werke*, Bärenreiter, Kassel, 1970 (sigla **P**). I riferimenti al dramma originale di Metastasio sono basati sul libretto pubblicato in occasione della prima rappresentazione dell'opera di Antonio Caldara al Hoftheater di Vienna il 4 novembre 1734 ("**La clemenza / di Tito**. / Dramma per musica, / da rappresentarsi / nella Cesarea Corte / per / il nome gloriosissimo / della / Sac. Ces. e Catt. Real Maestà / di / Carlo VI. / Imperadore / de' Romani, / sempre Augusto. / Per comando della / Sac. Ces. e Catt. Real Maestà / di / Elisabetta / Cristina / Imperadrice regnante. / L'anno M. DCC. XXXIIII. / La Poesia è del Sig. Abbate Pietro Metastasio, Poeta di Sua Maestà / Ces. e Cat. / La Musica è del Sig. Antonio Caldara, Vice-Maestro di Capella / di Sua Maestà Ces. e Catt. / Vienna d'Austria, appresso Gio. Pietro Van Ghelen, / Stampatore di Corte di Sua M. Ces. e Cattolica.") (sigla **M**).

Indice

Il compositore

Wolfgang Amadeus Mozart nasce a Salisburgo il 27 gennaio 1756, e riceve le prime lezioni di musica, assieme alla sorella maggiore Maria Anna detta Nannerl (1751-1829), dal padre Leopold (1719-1787), allora compositore da camera del principe Sigismund von Schrattenbach, arcivescovo di Salisburgo, e nel 1763 vice Maestro di Cappella. All'età di tre anni Wolfgang comincia a suonare il clavicembalo, e a cinque compone i primi minuetti. Con metodo e competenza, Leopold dà al figlio una completa educazione musicale, mettendolo a contatto con la compassata polifonia ancora in uso nel mondo cattolico austriaco, con la leggerezza dello stile galante, con il semplice disegno melodico del Lied protestante.

Alla fine del 1761 Mozart si presenta in pubblico come esecutore nel Teatro dell'Università di Salisburgo; quindi, fra il 1762 e il 1766, Leopold accompagna in un lungo viaggio attraverso l'Europa i due figli, che si esibiscono a Monaco, poi a Vienna davanti a Maria Teresa, ad Augusta, Ulm, Mannheim (dove Mozart ascolta la celebre orchestra diretta da Karel Filip Stamitz), Francoforte, Colonia, Aquisgrana, Bruxelles, Parigi. Qui il soggiorno si protrasse per cinque mesi, e Mozart ebbe occasione d'incontrare il barone Frédéric Melchior Grimm, Denis Diderot, d'Alembert, i compositori Johann Schobert ed Egidio Romoaldo Duni; inoltre il giovanissimo Wolfgang, per l'interessamento del barone Grimm, pubblicò la sua opera prima, quattro Sonate per clavicembalo con accompagnamento di violino. A Londra, tappa successiva del lungo viaggio, Mozart si fermò quindici mesi, ed ebbe amichevoli e proficui contatti con Johann Christian Bach; inoltre strinse amicizia con il sinfonista Carl Friedrich Abel e con il cantante sopranista Giovanni Manzuoli, ascoltò molta musica di Händel, e suonò davanti al re Giorgio III. Sempre a Londra scrisse le prime Sinfonie, e coltivò l'interesse per l'opera italiana.

Nel 1767, su incarico dell'arcivescovo di Salisburgo, scrisse l'oratorio *L'obbligo del primo comandamento*, e da questo momento l'attività compositiva si fa molto intensa. L'imperatore d'Austria Giuseppe II lo incarica di comporre un'opera buffa, *La finta semplice*, che però non giungerà sulle scene viennesi, e il dottor Anton Mesmer, studioso del magnetismo animale, gli commissiona l'opera tedesca in un atto *Bastien und Bastienne*. Durante un breve soggiorno a Vienna, Mozart si dedica alla musica sacra, e approfondisce la conoscenza del sinfonismo viennese, mentre l'ascolto dell'*Alceste* di Gluck allarga la sua competenza operistica.

Fra la fine del 1769 e il marzo 1771 si svolge il primo lungo viaggio in Italia, che lo porta fino a Napoli. Conosce il violinista Pietro Nardini, l'operista Niccolò Piccinni, prende contatti con il sinfonismo di Giovanni Battista Sammartini, scrive i primi Quartetti, e soprattutto si fa un'idea diretta della tecnica del bel canto frequentando i teatri e stringendo amicizia col soprano Lucrezia Aguiari e con il sopranista Farinelli. Inoltre riceve qualche lezione di contrappunto dal padre Giovanni Battista Martini, e scrive l'opera seria *Mitridate re di Ponto* (1770) rappresentata con grande successo a Milano. A questo punto la musica europea non ha più segreti per il quindicenne Mozart; ma la definitiva sistemazione professionale, cui soprattutto il padre aspira, non si è realizzata. Dall'Italia sono giunti alcuni incarichi, che saranno assolti in occasione dei due successivi viaggi del 1771 (l'opera *Ascanio in Alba* per Milano e l'oratorio *La Betulia liberata* per Padova) e del 1772 (l'opera seria *Lucio Silla* per Milano); ma non ci sarà un seguito.

Tornato a Salisburgo, Mozart è nominato primo violino dell'orchestra di corte, ma i rapporti con il nuovo arcivescovo Hieronymus Colloredo, eletto nel 1772, sono tutt'altro che amichevoli. A Vienna, dove Mozart si reca sempre più spesso, ha buone accoglienze presso alcuni aristocratici, ma la corte lo tiene a distanza. Un viaggio a Parigi nel 1778, preceduto da un lungo soggiorno a Monaco e a Mannheim, non porta nessun vantaggio economico; ma in questa occasione Mozart si avvicina sempre più alla musica strumentale (Sonate per pianoforte, Sinfonie, Concerti, Quartetti), e conosce un ambiente in cui l'artista comincia a essere considerato un libero professionista che vive dei proventi della propria produzione artistica e non di uno stipendio.

Il successo a Monaco dell'opera seria *Idomeneo* (1781) affretta la decisione di rendersi indipendente, e Mozart, troncando bruscamente i rapporti contrattuali con Salisburgo, si stabilisce a Vienna, con l'idea di vivere dei guadagni dei concerti, delle lezioni, delle edizioni, in attesa di un incarico a corte. Nel 1782, dopo aver sperato invano di unirsi ad Aloysia Weber, sposa la sorella minore Konstanze, che gli darà sei figli, dei quali solo due gli sopravviveranno: Karl (1784-1858) e Franz Xaver Wolfgang (1791-1844). È il più fortunato momento della vita di Mozart: i nobili lo proteggono, gli affidano i figli per lezioni di musica, i concerti pubblici si ripetono con frequenza e successo, l'editore Artaria pubblica qualche opera cameristica; infine il grande successo del *Ratto dal serraglio* (1782) dà a Mozart la certezza che i teatri viennesi gli stanno aprendo le porte. Ma passeranno alcuni anni prima che un altro teatro viennese rappresenti una nuova opera mozartiana, *Le nozze di Figaro*, nel 1786: l'opera ha successo, e piace anche all'imperatore Giuseppe II. Il momento fortunato continua a Praga, dove il successo delle *Nozze* si concretizza con l'incarico per il *Don Giovanni* (1787). Sul finire dello stesso 1787 Mozart viene nominato Compositore di corte, con il modesto compito di scrivere le musiche per i balli di corte a Carnevale: anche il compenso è modesto, ottocento fiorini annui (il suo predecessore Gluck ne aveva percepiti duemila per lo stesso incarico).

Inizia un rapido declino: Vienna sembra non avere più interesse per lui, e ricominciano i viaggi, a Berlino, Dresda, Lipsia, Francoforte, Magonza, Mannheim. Nel 1790, in un periodo in cui la salute è già declinante, giunge qualche nuovo incarico: l'opera *Così fan tutte*, che però ha solo cinque rappresentazioni a causa della morte dell'imperatore Giuseppe II; l'anno seguente un teatro privato gli commissiona *Il flauto magico*; poi, per l'incoronazione a Praga di Leopoldo II, scrive rapidamente l'opera seria *La Clemenza di Tito*. Leopoldo II dà qualche speranza a Mozart; e in più dall'Inghilterra è giunto il contratto per un giro concertistico e l'incarico di scrivere delle opere, mentre alcuni nobili ungheresi hanno deciso di provvedere largamente per il mantenimento del compositore. Ma Mozart, che sta scrivendo un *Requiem* su commissione del conte Walsegg-Stuppach, non vedrà la realizzazione di questi progetti: mentre ancora si replica felicemente il *Flauto magico*, muore a Vienna nelle prime ore del 5 dicembre 1791.

Cronologia delle opere di Mozart

1. Apollo et Hyacinthus, seu Hyacinthi Metamorphosis (K. 38)

Intermezzo latino in tre atti per la tragedia scolastica latina *Clementia Croesi* di Rufinus Widl, argomento tratto dalle *Metamorfosi* (X, 162-219) di Ovidio e dai *Dialoghi degli dei* (XIV) di Luciano di Samosata.
Prima rappresentazione: Salisburgo, Aula Magna dell'Università, 13 maggio 1767.

2. La finta semplice (K. 51 - K.8 46a)

Opera buffa in tre atti, libretto di Carlo Goldoni scritto nel 1764 per Salvatore Perillo, revisionato da Marco Coltellini.
Composta a Vienna, aprile-luglio 1768.
Prima rappresentazione: Salisburgo, Palazzo Arcivescovile, 1° maggio 1769.

3. Bastien und Bastienne (K. 50 - K.8 46b)

Singspiel in un atto, libretto di Friedrich Wilhelm Weiskern e Andreas Schachtner. Il testo è la traduzione in tedesco di Weiskern con modifiche e aggiunte di Schachtner del vaudeville *Les Amours de Bastien et Bastienne* (1753) di Charles-Simon Favart, Marie-Justine-Benoît Favart e Harny de Guerville, parodia di *Le devin du village* (1752) di Jean-Jacques Rousseau.
Prima rappresentazione: Vienna, Gartentheater nella casa del dottor Anton Mesmer, ottobre (o settembre?) 1768.

4. Mitridate, re di Ponto (K. 87 - K.8 74a)

Dramma per musica in tre atti, libretto di Vittorio Amedeo Cigna Santi scritto nel 1767 per Quirino Gasparini, tratto dalla tragedia *Mithridate* (1673) di Jean Racine tradotta da Giuseppe Parini.
Prima rappresentazione: Milano, Regio-Ducal Teatro, 26 dicembre 1770.

5. Ascanio in Alba (K. 111)

Festa teatrale in due parti, libretto di Giuseppe Parini.
Prima rappresentazione: Milano, Regio-Ducal Teatro, 17 ottobre 1771.

6. Il sogno di Scipione (K. 126)

Azione teatrale in un atto, libretto di Pietro Metastasio scritto nel 1735 per Luca Antonio Predieri, derivato da *De republica* (VI) di Cicerone.
Prima rappresentazione: Salisburgo, Palazzo Arcivescovile, maggio 1772.

7. Lucio Silla (K. 135)

Dramma per musica in tre atti, libretto di Giovanni De Gamerra, basato sulla *Vita di Lucio Silla* di Plutarco.
Prima rappresentazione: Milano, Regio-Ducal Teatro, 26 dicembre 1772.

8. La finta giardiniera (K. 196)

Opera buffa in tre atti, libretto adespoto (Giuseppe Petrosellini?) scritto nel 1774 per Pasquale Anfossi, revisionato da Marco Coltellini.
Prima rappresentazione: Monaco, Hoftheater, 13 gennaio 1775.

9. Il re pastore (K. 208)

Dramma per musica in due atti, libretto di Pietro Metastasio scritto nel 1751 per Giuseppe Giovanni Battista Bonno, con ampi tagli e modifiche.
Prima rappresentazione: Salisburgo, Palazzo Arcivescovile, 23 aprile 1775.

10. Zaide (altro titolo: *Das Serail*) (K. 344 - K.8 336b)

Singspiel in due atti, libretto di Johann Andreas Schachtner, tratto dal Singspiel *Das Serail, oder Die unvermutete Zusammenkunft in der Sclaverey zwischen Vater, Tochter und Sohn* (1779) di Franz Joseph Sebastiani, musica di Joseph von Frieberth. La musica è quasi del tutto completa, ma il testo delle parti recitate è andato perduto. Composto a Salisburgo nel 1779-80.
Prima rappresentazione postuma: Francoforte sul Meno, 27 gennaio 1866.

11. Idomeneo, re di Creta (K. 366)

Dramma per musica in tre atti, libretto di Giambattista Varesco, tratto dalla tragédie-lyrique *Idoménée* (1712) di Antoine Danchet, musica di André Campra, a sua volta derivata dalla tragedia *Idoménée* (1705) di Prosper Jolyot de Crébillon.
Prima rappresentazione: Monaco, Hoftheater, 29 gennaio 1781.
Altra rappresentazione con modifiche: Vienna, Palazzo Auersperg, marzo 1786.

12. Die Entführung aus dem Serail (K. 384)

Singspiel in tre atti, libretto di Johann Gottlieb Stephanie dem Jüngeren, rielaborazione del libretto *Belmonte und Constanze, oder die Entführung aus dem Serail* (1781) di Christoph Friedrich Bretzner, musica di Johann Andrè.
Prima rappresentazione: Vienna, Nationaltheater, 16 luglio 1782.

13. L'oca del Cairo (K. 422)

Dramma giocoso per musica in due atti, libretto di Giambattista Varesco (esiste solo il primo atto e un riassunto del secondo). Musicate solo tre arie di cui una, incompleta, preceduta da un recitativo, due duetti, un quartetto, il finale del primo atto, e alcuni frammenti. Composto a Salisburgo e Vienna nella seconda metà del 1783.
(Una rielaborazione in tre atti a cura di Winfried Radeke, su libretto in tedesco di Peter Lund, è stata rappresentata a Berlino, Neuköllner Oper, l'11 maggio 1991).

14. Lo sposo deluso (K. 430 - K.8 424a)

Opera buffa in due atti, libretto adespoto (Lorenzo Da Ponte?). Musicate solo l'ouverture, un quartetto collegato direttamente all'ouverture, un terzetto; inoltre l'abbozzo di due arie e alcuni frammenti. Composta a Salisburgo e Vienna fra il luglio e l'ottobre del 1783. Non rappresentata.

15. Der Schauspieldirektor (K. 486)

Commedia con musica in un atto, testo di Johann Gottlieb Stephanie dem Jünge.
Prima rappresentazione: Schönbrunn, Orangerie, 7 febbraio 1786.

16. Le nozze di Figaro (K. 492)

Commedia per musica in quattro atti, libretto di Lorenzo Da Ponte, tratto dalla commedia *La Folle journée ou Le Mariage de Figaro* (1784) di Pierre-Augustin Caron de Beaumarchais.
Prima rappresentazione: Vienna, Burgtheater, 1° maggio 1786.
Altra rappresentazione con modifiche: Vienna, Burgtheater, 29 agosto 1789.

17. Il dissoluto punito, o sia il Don Giovanni (K. 527)

Dramma giocoso in due atti, libretto di Lorenzo Da Ponte, derivato dal libretto *Il Capriccio drammatico* scritto da Giovanni Bertati nel 1787 per Giuseppe Gazzaniga.
Prima rappresentazione: Praga, Nostitztheater, 29 ottobre 1787.
Altra rappresentazione con modifiche: Vienna, Burgtheater, 7 maggio 1788.

18. Così fan tutte, o sia La Scuola degli amanti (K. 588)

Dramma giocoso in due atti, libretto di Lorenzo Da Ponte.
Prima rappresentazione: Vienna, Burgtheater, 26 gennaio 1790.

19. Die Zauberflöte (K. 620)

Singspiel in due atti, libretto di Emanuel Schikaneder, liberamente ispirato alla favola *Lulu, oder die Zauberflöte* (1786) di Jakob August Liebskind, e al romanzo *Sethos, histoire ou vie tirée des monuments, anedoctes de l'ancienne Egipte, traduite d'un manuscript grec* (1731; traduzione tedesca di Matthias Claudius, 1778) di Jean Terrasson.
Prima rappresentazione: Vienna, Theater auf der Wieden, 30 settembre 1791.

20. La clemenza di Tito (K. 621)

Opera seria in due atti, libretto di Pietro Metastasio, scritto per Antonio Caldara (Vienna, 1734), modificato da Caterino Mazzolà.

Tito Vespasiano: Antonio Baglioni, tenore
Vitellia: Maria Marchetti Fantozzi, soprano
Servilia: signorina Antonini, soprano
Sesto: Domenico Bedini, soprano
Annio: Carolina Perini, soprano
Publio: Gaetano Campi, basso
Scene: Pietro Travaglia e, per l'ultima scena (II, 16), Johann Breysig
Costumi: Cherubino Babbini

Prima rappresentazione: Praga, Teatro Nazionale (Nostitztheater), 6 settembre 1791.

I librettisti

Pietro Metastasio nasce a Roma il 3 gennaio 1698 e, grazie all'interessamento del cardinale Pietro Ottoboni e poi del legislatore d'Arcadia Gianvincenzo Gravina, completa gli studi giuridici e umanistici, e nel 1714 diventa abate. Già nel 1717 pubblica la prima raccolta di versi, fra cui la tragedia *Giustino* scritta nel 1712, e in questa occasione muta il cognome avito, Trapassi, in quello grecizzato di Metastasio. Nel 1719, un anno dopo la morte di Gravina che lo lascia erede del suo ingente patrimonio, si trasferisce a Napoli, dove tenta la carriera forense, ma ben presto si dedica totalmente alla poesia. Il dramma pastorale *Endimione*, scritto nel 1720 per le nozze del principe di Belmonte, gli vale molti elogi, ma ancor più ne riceve per *Gli orti esperidi* (1721): l'affettuosa amicizia con l'applaudita interprete di questa azione teatrale musicata da Porpora, il soprano Marianna Benti Bulgarelli, gli apre le porte del teatro in musica. Il suo primo melodramma, *Didone abbandonata* (Napoli, 1724), musica di Domenico Sarro, con l'intermezzo *L'impresario delle Canarie*, ottiene uno straordinario successo, e la elaborazione di testi melodrammatici diventa la principale occupazione di Metastasio. In pochi anni scrive, sempre per la Benti Bulgarelli, *Siroe* (Venezia, 1726), musica di Leonardo Vinci, *Catone in Utica* (Roma, 1728), *Ezio* (Roma, 1728), entrambi con la musica di Pietro Auletta, *Semiramide riconosciuta* (Roma, 1729), *Alessandro nelle Indie* (Roma, 1729), *Artaserse* (Roma, 1730), questi ultimi tre musicati da Vinci.

Nel 1730, chiamato dall'imperatore Carlo VI, viene nominato "poeta cesareo" a Vienna. Il suo primo lavoro in questa prestigiosa veste è l'oratorio *Sant'Elena al Calvario* (1731), musica di Antonio Caldara, che nello stesso anno mette in musica anche il successivo melodramma, *Demetrio*. Nel corso dei cinquantadue anni trascorsi nella capitale austriaca, Metastasio scrive *Issipile* (1732) per la musica di Francesco Conti, e altri sette melodrammi per la musica di Caldara, *Adriano in Siria* (1732), *L'Olimpiade* (1733), *Demofoonte* (1733), *La clemenza di Tito* (1734), *Achille in Sciro* (1736), *Ciro riconosciuto* (1736), *Temistocle* (1736).

Con la morte della Benti Bulgarelli nel 1734 e di Carlo VI nel 1740, termina il periodo più felicemente fecondo di Metastasio, che ora trascorre periodi di riposo e di convalescenza nei feudi di Marianna Pignatelli, vedova del conte d'Althann e sorella del principe di Belmonte. In questa seconda fase della sua produzione, scrive la *Zenobia* (1740) per la musica di Luc'Antonio Predieri, l'*Attilio Regolo* (1740) che verrà musicato nel 1750 da Johann Adolf Hasse, un musicista per il quale scrive anche *Ipermestra* (1744), *Antigono* (1744), *Il trionfo di Clelia* (1762), *Romolo ed Ersilia* (1765), *Ruggiero* (1771). Inoltre per Giuseppe Bonno *Il re pastore* (1751) e *L'eroe cinese* (1752), e per Nicolò Conforti *Nitteti* (1756). Metastasio è anche autore di moltissime cantate, e di otto oratori, fra cui *La passione di Gesù Cristo* (1730), musica di Caldara, *Giuseppe riconosciuto* (1733), musica di Giuseppe Porsile, e *Betulia liberata* (1734), musica di Georg Reutter. Metastasio muore a Vienna il 12 aprile 1782.

Tutta la produzione metastasiana per musica, dopo la prima intonazione, è stata più volte ripresa, con e senza varianti testuali, da altri compositori, fra i quali Albinoni, Johann Christian Bach, Cherubini, Cimarosa, Galuppi, Gluck, Händel, Hasse, Jommelli, Mercadante, Meyerbeer, Paisiello, Pergolesi, Piccinni, Porpora, Sacchini, Traetta, Veracini, Vivaldi, Zingarelli, e Mozart (*La Betulia liberata*, 1771; *Il sogno di Scipione*, 1772; *Il re pastore*, 1775; *La clemenza di Tito*, 1791). Mozart ha inoltre composto numerose arie da concerto su testi di Metastasio.

Caterino Mazzolà nasce a Longarone (Belluno) il 18 gennaio 1745, e compie gli studi a Venezia presso i Gesuiti e poi a Treviso presso i Somaschi. Nel 1769 inizia l'attività di librettista al Teatro veneziano di S. Salvatore con il *Ruggiero* di Pietro Guglielmi. A Venezia pubblica nel 1774 una traduzione in versi della tragedia *Edipo* di Voltaire, scrive il libretto *Il tutore ingannato* (1774) musicato da Luigi Marescalchi e rappresentato a Lisbona nel 1775, e ha rapporti di amicizia con l'avogadore Pietro Antonio Zaguri, col senatore Bernardo Memmo e suo fratello Andrea, con Giacomo Casanova e Lorenzo Da

Ponte. I suoi primi grandi successi di librettista risalgono al 1778, quando al Teatro di S. Moisè viene rappresentata *La scola de' gelosi* di Antonio Salieri, un'opera che giunse anche a Vienna e sopravvisse per qualche decennio, e *Il marito indolente* di Giuseppe Sarti. L'anno seguente conobbe a Venezia un compositore di Dresda, Joseph Schuster, per il quale adattò il suo primo libretto col nuovo titolo di *Bradamante* (Padova, 1779). Ancora a Venezia, scrive per Giacomo Rust *L'isola capricciosa* (1780), che poi nel 1795 riscrive per Salieri ritornando al titolo originale della fonte goldoniana, *Il mondo alla rovescia*.

Schuster, che intanto a Dresda è divenuto arbitro della vita musicale della città, chiama il librettista (che nel frattempo si era sposato con Teresa Tommasini) e lo fa nominare poeta teatrale al servizio del conte Camillo Marcolini, ministro e amico del re Federico Augusto III di Sassonia. Nella capitale sassone, dove giunge nell'ottobre 1780, Mazzolà scrive molti libretti, prevalentemente di opere buffe, destinati ancora a Schuster (la nuova versione de *Il marito indolente*, 1782; *Il pazzo per forza*, 1784; *Lo spirito di contradizione*, 1785; *Gli avari in trappola*, 1787; *Rübenzahl o sia Il vero amore*, 1789). Per un altro compositore molto attivo a Dresda, Johann Gottlieb Naumann, Mazzolà scrive nel 1781 due libretti di opere serie (*Elisa*; *Osiris*) e l'opera buffa *Tutto per amore* (1785). Infine, sempre a Dresda, collabora anche con il compositore sassone Franz Seydelmann (*Il capriccio corretto*, 1783; *La vilanella di Misnia*, 1784; *Il mostro ossia Da gratitudine amore*, 1786; *Il turco in Italia*, 1788, ripreso nel 1794 col titolo *La capricciosa ravveduta* e la musica di Francesco Bianchi, e da cui Felice Romani trasse nel 1814 il libretto omonimo per Rossini). A partire dal 1788 Mazzolà, pur continuando la sua attività a Dresda, si avvicina alla corte di Vienna, e per quel teatro di corte il suo libretto del 1784 *Il pazzo per forza* viene nuovamente messo in musica da Joseph Weigl. Poi, con la morte dell'imperatore Giuseppe II e l'ascesa al trono di Leopoldo II e la conseguente caduta in disgrazia del "Poeta dei Teatri Imperiali" Lorenzo Da Ponte, all'inizio del 1791 raggiunge Vienna, forse con la speranza di poter ereditare l'incarico di Da Ponte, e a Vienna fa rappresentare, per la musica di Pierre Dutilleux, *Il trionfo d'amore* (novembre 1791). Intanto, su invito dell'impresario Domenico Guardasoni del Teatro Nazionale di Praga, aveva rielaborato *La clemenza di Tito* di Metastasio, che con la musica di Mozart era stato rappresentato per festeggiare l'incoronazione di Leopoldo II a re di Boemia (6 settembre 1791), e nello stesso anno rielabora il libretto di Giovanbattista Casti *Il re Teodoro in Venezia* musicato nel 1784 da Giovanni Paisiello, che con il nuovo titolo *Gli avventurieri* va in scena a Dresda con la musica di Marcos Antonio Portugal. Mazzolà, infatti, già da luglio è rientrato a Dresda, poiché Leopoldo II gli ha preferito il librettista Giovanni Bertati, e nella capitale sassone riprende a collaborare con Naumann (*La dama soldato*, 1791; *Amore giustificato*, 1792; l'oratorio *Davide in Terebinto, figura del Salvatore*, 1794) e con Schuster (*Il servo padrone ossia L'amor perfetto*, 1794).

Lasciata Dresda alla fine del 1794, probabilmente trascorre qualche tempo a Vienna, ma già nel 1796 è a Venezia, e due suoi libretti sono rappresentati in quella città con la musica di Johann Simon Mayr, *Amor ingegnoso* (1798) e *L'ubbidienza per astuzia* (1799). Gli ultimi suoi libretti sono musicati da Carlo Mellara, *La prova indiscreta* (1804) e *Il bizzarro capriccio* (1806). È suo anche il testo della cantata *Adria risorta*, musica di Michele Mortellari, eseguita a Padova nel 1806. In quello stesso anno, il 16 luglio, Mazzolà muore a Venezia.

L'opera

Nei primi sei mesi del 1791 Mozart, che già mostrava sintomi di una salute declinante, portò a termine il suo ultimo Concerto per pianoforte e orchestra (K. 595), tre Lieder su poesie dedicate all'infanzia, un buon numero di danze per orchestra destinate alle feste di carnevale (12 minuetti, 20 danze tedesche, 9 contraddanze), una *Fantasia* e un *Andante* per organo meccanico, un *Adagio e Rondò* per Glassharmonika, l'aria per basso con contrabbasso obbligato "Per questa bella mano" destinata a Franz Xaver Gerl, prossimo primo Sarastro nel *Flauto magico*, Variazioni per pianoforte sull'aria "Ein Weib ist das herrlichste Ding" da un'opera che era stata messa in scena da Emanuel Schikaneder. Questa composizione era stata concepita in marzo, nei giorni in cui Schikaneder aveva commissionato a Mozart l'opera *Il flauto magico*, che Mozart iniziò a comporre in maggio e andò poi in scena al Theater auf der Wieden il prossimo 30 settembre. Infine Mozart compose un Quintetto per archi (K. 614), e il mottetto per coro, archi e organo "Ave verum Corpus", terminato il 18 giugno, destinato a Joseph Anton Stoll, il maestro di cappella di Baden, la località termale dove la moglie Costanza in stato interessante e bisognosa di cure, e il figlio Carl si trovavano dall'inizio di giugno.

Pressappoco nei giorni in cui Mozart componeva l'"Ave verum", era giunto a Vienna Domenico Guardasoni, l'impresario teatrale di Praga che quattro anni prima si era occupato del *Don Giovanni*. Questi, fin dall'aprile del 1789, si era impegnato con Mozart per un'opera nuova da rappresentare a Praga nell'autunno seguente, per un compenso di 200 ducati, più 50 per le spese di viaggio; ma il progetto era stato rimandato, perché Guardasoni era dovuto partire per Varsavia. Tornato a Praga all'inizio di giugno del 1791, Guardasoni l'8 luglio di quell'anno firma un contratto, redatto in italiano, con il quale, in vista dei festeggiamenti di settembre per l'incoronazione dell'imperatore Leopoldo II a re di Boemia, si obbliga "di far comporre la poesia del libro, a norma dei due sogetti datimi da S. E. Gran Burgravio e di farlo porre in musica da un cellebre Maestro, in caso però che non fosse affatto possibile di ciò effetuare per la strettezza del tempo, mi obligo di procurar un Opera nuovamente composta sul suggetto del Tito di Metastasio". Ed ecco che, a questo scopo, l'impresario raggiunge Vienna e prende contatto probabilmente con Salieri, ossia con il "celebre Maestro" di cui si tace il nome nel contratto (ma, se si tace il nome, non era forse per la speranza di potersi mettere in contatto con Cimarosa, certamente più "celebre" di Salieri e particolarmente gradito a Leopoldo II?). Ma Salieri non accetta, forse perché il tempo a disposizione è ormai pochissimo, forse perché molto impegnato a Vienna dato che il suo allievo e sostituto Joseph Weigl si trovava a Eszterháza, forse perché non gradiva alcuno dei due soggetti che stavano a cuore al conte Heinrich Franz Rottenhann, ossia il Gran Burgravio (Consigliere di corte della Cancelleria Boema). In conseguenza del rifiuto di Salieri, Guardasoni si vede costretto a rinunciare anche all'idea di un libretto totalmente nuovo, ripiega sul testo metastasiano della *Clemenza di Tito* che viene affidato a Caterino Mazzolà per aggiornarlo alle nuove convenzioni dell'opera seria, riducendolo da tre a due atti, tagliando i lunghi recitativi e aggiungendo qualche pezzo d'assieme, e per la musica si rivolge a Mozart, confermandogli il medesimo compenso che gli aveva offerto nel 1789.

È possibile che ci sia un rapporto fra l'offerta del 1789 e quella nuova del 1791? Un dubbio potrebbe nascere, se fosse accertato che il "Rondò del Signor Mozart con corno di bassetto obbligato", eseguito da Josepha Duschek come sesto brano nel corso di un'accademia praghese del 26 aprile 1791, sia effettivamente il *rondò* di Vitellia "Non più di fiori vaghe catene" (N. 23); ed è quasi certo, visto che la carta su cui è scritto è di una qualità diversa rispetto a tutto il resto dell'autografo dell'opera. Tuttavia, il testo del *rondò* non si trova nel libretto di Metastasio, ed è quindi fatica del revisore; ma, poiché il suo contenuto è assolutamente generico, e in esso non si trova alcun riferimento ai personaggi e all'azione della *Clemenza*, potrebbe anche far parte di un altro progetto operistico, quello appunto del 1789, e non essere di mano di Mazzolà, che iniziò il suo lavoro di revisore soltanto in luglio (la Duschek, lo ricordiamo, cantò il brano mozartiano in aprile).

Si era ormai qualche giorno dopo la metà di luglio e, mentre Costanza e il figlio tornavano a Vienna, Mozart accettò di musicare quel libretto che, con la celebrazione dell'equilibrata saggezza e lungimiranza politica dell'imperatore romano, si prestava molto bene alla solennità dell'evento. A quel punto Mozart si mise subito al lavoro, sospendendo la composizione del *Flauto magico*, che comunque era già quasi terminato, e rimandando l'inizio della composizione del *Requiem*, che gli era stato commissionato in quei giorni, limitandosi a comporre una piccola cantata massonica (K. 619). Poiché non gli era ancora nota la distribuzione dei ruoli (ad eccezione di Tito, il tenore Baglioni), Mozart si dedicò ai pezzi d'assieme, duetti (1, 3, 7), terzetti (10, 18), cori (5, 24), il sestetto (26), le due arie di Tito (6, 20). Appena la moglie, che il 26 luglio aveva messo alla luce il sesto e ultimo figlio Franz Xaver Wolfgang, fu in grado di partire, insieme a lei e all'allievo Franz Xaver Süssmayr lasciò Vienna il 25 agosto e raggiunse Praga il giorno 28. Forse venne ospitato, come già al tempo felice del *Don Giovanni*, dai coniugi Duschek nella loro villa Bertramka alla periferia di Praga, e qui completò la partitura della nuova opera, dedicandosi soprattutto alla composizione delle arie, che probabilmente aveva già in parte iniziato intorno alla metà di agosto.

Il 1° settembre, nel corso di un pranzo in onore dell'imperatrice, venne eseguita una trascrizione per fiati del *Don Giovanni*, e il giorno seguente l'opera, particolarmente amata dal pubblico praghese, andò in scena al Teatro Nazionale. Intanto Mozart stava terminando la composizione della nuova opera, mentre Süssmayr si dedicava ai recitativi secchi, secondo la testimonianza postuma di Georg Nikolaus Nissen, il secondo marito di Costanza (un'informazione non verificabile, in quanto l'autografo dei recitativi non è stato rintracciato).

La mattina del giorno 6 ebbe luogo, nella cattedrale di San Vito, la cerimonia dell'incoronazione, e in quell'occasione Salieri diresse una Messa di Mozart (K. 317 o K. 337); la sera, al Teatro Nazionale, con ingresso gratuito, andò in scena *La clemenza di Tito*, in un allestimento molto accurato. Il libretto, che non cita il nome dei due librettisti, non accenna neppure ai cantanti, e qualche dubbio, in quanto alla distribuzione, permane, soprattutto per quanto riguarda i personaggi di Sesto e Annio; sembra comunque accertato che Sesto era il castrato Domenico Bedini, e Annio il soprano Carolina Perini, e non il contrario, come viene spesso indicato. In quanto all'accoglienza da parte del pubblico non abbiamo notizie certe. Nei rari commenti che ci sono pervenuti l'occasione celebrativa ebbe comunque il sopravvento: il "Giornale dell'Incoronazione per Praga" scrisse: "La composizione è del famoso Mozart e torna a suo onore, benché non avesse molto tempo per scriverla e fosse inoltre caduto malato mentre si accingeva a finire l'ultima parte". Il conte Zinzendorf annotò nel suo diario: "Ci hanno regalato uno dei più noiosi spettacoli che si possano immaginare, la *Clemenza di Tito*... La Marchetti [Vitellia] canta molto bene; l'Imperatore è entusiasta di lei". Sul periodico "Studien für Tonkünstler und Musikfreunde" apparve questo commento: "La Clemenza di Tito del signor maestro di cappella Mozart venne qui eseguita in occasione delle festività per l'incoronazione. Ma non riscosse il successo che ci si attendeva da un compositore così popolare nella nostra città". Il giorno successivo alla prima dell'opera la moglie di Leopoldo, Maria Luisa di Borbone, scrisse alla nuora Maria Teresa che "la grande opera non è tanto grande, e la musica è pessima, sicché ci siamo addormentati tutti"; ed è quindi possibile che abbia espresso la famosa definizione che le è stata attribuita, essere l'opera "una porcheria tedesca", giudizio non verificabile, ma coerente alla mentalità di una donna che, figlia del creatore del Teatro San Carlo di Napoli, Carlo VII re delle Due Sicilie, da un testo metastasiano non poteva che aspettarsi le insinuanti cantilene di un operista di scuola napoletana.

Benché "sempre malaticcio e bisognoso di medicine", secondo la testimonianza di Franz Xaver Niemetschek, Mozart ebbe ancora il tempo di comporre l'aria per basso e archi "Io ti lascio, o cara, addio" (K. 621a), e intorno alla metà del mese di settembre lasciò definitivamente Praga. Il 30 settembre, il giorno stesso in cui al Theater auf der Wieden di Vienna andava in scena la prima rappresentazione del *Flauto magico*, a Praga si ebbe l'ultima replica della *Clemenza di Tito*: Anton Stadler, che in quell'opera suonava il corno di bassetto, informò l'autore che l'ultima rappresentazione ebbe uno "straordinario successo". Un successo che si mantenne inalterato nel corso dei successivi decenni e fino al 1830, quando iniziò un rapido declino che giunse fino a una quasi totale sparizione da tutti i teatri del mondo. La rinascita iniziò intorno al 1970, e da allora anche la *Clemenza di Tito* viene considerata alla pari degli altri capolavori operistici di Mozart.

La clemenza di Tito

Dramma serio per musica in due atti

libretto di
Pietro Metastasio e **Caterino Mazzolà**

musica di
Wolfgang Amadeus Mozart

Personaggi

Tito Vespasiano, Imperator di Roma	[tenore]
Vitellia, figlia dell'Imperatore Vitellio	[soprano]
Servilia, sorella di Sesto, amante d'Annio	[soprano]
Sesto, amico di Tito, amante di Vitellia	[soprano]
Annio, amico di Sesto, amante di Servilia	[soprano]
Publio, Prefetto del Pretorio	[basso]

Coro[1]
La Scena è in Roma.[2]

1. Non indicato in **L**.
2. In **M** viene precisato che "il luogo dell'azione è quella parte del colle Palatino, che confina col foro Romano". Ulteriori indicazione in **L**: "La musica è tutta nuova, composta dal celebre Sig. Wolfgango Amadeo Mozart, maestro di capella in attuale servizio di sua Maestà imperiale. Le tre prime Decorazioni sono d'invenzione del Sig. Pietro Travaglia, all'attual servizio di S. A. il Principe Esterazi. La quarta Decorazione è del Sig. Preisig di Coblenz. Il vestiario tutto nuovo di ricca e vaga invenzione del Sig. Cherubino Babbini di Mantova".

Argomento[3]

Non ha conosciuto l'antichità né migliore, né più amato Principe di Tito Vespasiano. Le sue virtù lo resero a tutti sì caro, che fu chiamato la delizia del genere umano.[4] *E pure due giovani Patrizi, uno de' quali era suo Favorito, cospirarono contro di lui. Scoperta però la congiura furono dal Senato condannati a morire. Ma il clementissimo Cesare, contento di averli paternamente ammoniti, concesse loro, ed a' loro complici un generoso perdono.*
Sveton., Aurel. Vict., Dio., Zonar., ecc.[5]

3. Deriva da **M**, ma in forma abbreviata.
4. "Titus [...] amor ac deliciae generis humani", Svetonio, *Titus*, VIII, 1.
5. Le fonti storiche specificate in **M** sono *De vita Caesarum, Titus* (cap. VIII) di Gaio Svetonio Tranquillo (70ca.-140ca.), e *De vita et moribus imperatorum romanorum* (cap. XXI) di Sesto Aurelio Vittore (sec. III); inoltre la *Storia romana* di Cassio Dione Cocceiano (155-235 ca.) e l'*Epitome storica* di Giovanni Zonaras (prima metà sec. XII); questi ultimi due hanno solo interesse bibliografico. Nel testo di Metastasio sono inoltre avvertibili alcuni richiami alla tragedia *Bérénice* (1670) di Jean Racine, e alla "comédie héroïque" *Tite et Bérénice* (1670) di Pierre Corneille. L'intreccio mostra qualche somiglianza con quello della tragedia *Cinna ou La Clémence d'Auguste* (1640) di Corneille. Per notizie sull'imperatore Tito, vedi Appendice, pag. 102.

Il riassunto del libretto

Atto I. Vitellia, figlia del defunto imperatore Vitellio, che ha invano sperato di poter accedere al trono come moglie del successore Tito, che invece si è legato alla principessa giudea Berenice, approfittando dell'amore che Sesto nutre per lei, lo istiga a vendicarla, uccidendo Tito. Ma Sesto, che ammira profondamente l'imperatore, esita e, benché abbia già preso contatti con il traditore Lentulo, cerca di dissuadere la donna esaltando i grandi meriti del sovrano. Ma Vitellia lo vuole morto, e ha già ottenuto una vaga promessa in questo senso da Sesto, quando giunge Annio, ad annunciare che Tito e Berenice si sono definitivamente separati. Vitellia sente rinascere la speranza di essere scelta da Tito, e si allontana da Sesto, mentre Annio lo invita a perorare per lui dall'imperatore il permesso di sposare Servilia, la sorella di Sesto, da lui profondamente amata.

Nel Foro, di fronte al Campidoglio, si rendono grazie alla saggezza e generosità di Tito che, nel ricevere i tributi da parte dei Legati delle province soggette, li devolve alle vittime dell'eruzione del Vesuvio. Poi Tito si apparta con Sesto e Annio, e confida al primo di aver deciso, per rendere evidente ai romani il suo distacco da Berenice, principessa straniera, di sposare una donna romana, Servilia. È grande l'imbarazzo di Sesto, ma Annio si fa avanti esaltando le virtù di Servilia e affermando che Tito non avrebbe potuto fare una scelta migliore. Mentre Tito e Sesto si allontanano, sarà lui stesso, Annio, a informare Servilia del grande evento, facendo violenza al proprio amore.

Nella residenza di Tito al Palatino, il prefetto Publio cerca inutilmente di convincere l'imperatore a prendere severi provvedimenti contro i cospiratori, quando giunge Servilia a chiedere un colloquio riservato. Rimasta sola con Tito, la donna afferma di essere pronta a sposarlo, ma solo a condizione che egli sappia che lei è innamorata, ricambiata, di Annio. Tito apprezza profondamente la confessione della donna, e si augura che tutti i suoi sudditi possano avere la medesima sincerità: se così fosse, l'affanno della guida di un vasto impero si trasformerebbe in una grande felicità. Nel frattempo anche Vitellia ha saputo della nuova scelta di Tito e, sentendosi ancora una volta messa da parte, affronta nuovamente Sesto, e infine lo convince ad agire: infiammato dall'amore, Sesto si precipita all'azione. Lui è appena uscito, che sopraggiungono Annio e Publio, a informare Vitellia che l'imperatore l'ha convocata: sarà lei la moglie prescelta. In preda alla disperazione, la donna vorrebbe fermare Sesto, ma non è più possibile.

Sesto infatti è ormai giunto al Campidoglio, già in preda alle fiamme appiccate dai congiurati, e inorridito si precipita nella mischia, ormai deciso a salvare l'imperatore. Giungono anche Annio, Publio e Servilia, e poco dopo Vitellia, che spera ancora di poter fermare Sesto. Che infine giunge, trafelato, ad annunciare a tutti i presenti che l'imperatore è stato pugnalato.

Atto II. Nella residenza sul Palatino, Annio cerca di convincere Sesto che l'imperatore vive: colui che Sesto ha visto cadere trafitto, coperto dal manto imperiale, non era Tito, che vive, e lui stesso, Sesto, lo potrà constatare, se si recherà da lui. Ma egli rifiuta, confessando il tradimento, e dichiarando di volersi allontanare definitivamente da Roma. Annio, stupito, prega l'amico di riflettere prima di compiere un gesto irreparabile, e si allontana. Sopraggiunge Vitellia, che spinge Sesto alla fuga temendo che egli possa confessare una colpa che la danneggerebbe, ma ormai è tardi: Publio, con la scorta di armati, deve condurre Sesto a discolparsi davanti al Senato, poiché il suo crimine è stato svelato da Lentulo.

Nella sala delle udienze si festeggia Tito, sfuggito all'attentato, e Publio lo invita a presenziare ai giochi indetti per l'occasione. Ma Tito vuol prima conoscere il giudizio dei senatori nei confronti di Sesto, e invia Publio a informarsi, mentre Annio invoca il perdono del sovrano. Ma poco dopo torna Publio, che reca il foglio con la condanna a morte di Sesto, cui non manca che la firma di Tito. L'imperatore ordina che tutti si allontanino, e in solitudine riflette sul comportamento di Sesto. Egli è reo confesso, e tuttavia non può crederlo tale; prima di firmare la condanna, vuole interrogarlo, e quindi dispone che sia condotto alla propria presenza. Quando Sesto è solo di fronte a Tito, non può far altro che confermare la propria colpa, ma nello stesso tempo gli è impossibile spiegare il motivo del tradimento: alle insistenti domande di Tito, che lo prega di confidarsi non all'imperatore, ma all'amico, Sesto è costretto a tacere, e Tito, esasperato, lo consegna nuovamente alle guardie, affinché lo portino all'arena, dove sarà dato in pasto alle fiere. Poi, dopo aver firmato il foglio con la condanna, se ne pente, lo straccia, e a Publio sopraggiunto ordina che sia dia inizio ai giochi nell'arena; quindi si allontana. Entra ansiosamente Vitellia, a interrogare Publio e, appresa la condanna a morte di Sesto, teme che egli abbia confessato ogni cosa. Ma subito dopo la raggiungono Annio e Servilia, a confermare la volontà di Tito di sposarla, e a spingerla, come novella imperatrice, a supplicare la grazia per Sesto. Dunque Sesto non l'ha tradita, ed è pronto, per salvare lei, ad affrontare sereno la morte; commossa dalla scoperta di un così incrollabile amore, Vitellia decide di rinunciare al trono e, denunciando la propria colpa, di attenuare quella di Sesto.

Di fronte all'arena dove stanno per iniziare i giochi, e dove già si trovano i rei destinati alle fiere, Tito chiede che Sesto sia portato di fronte a lui, mentre Servilia e Annio invocano pietà. Tito, che pure ha deciso di salvare Sesto, si mostra inflessibile, ma viene subito interrotto da Vitellia che, ai piedi dell'imperatore, confessa la propria terribile colpa. Pur nello stupore di quest'ultima rivelazione, Tito conferma ancora una volta la sua clemenza, e tutti perdona.

Atto primo

[*Ouverture*]

Scena prima[6]

Appartamenti di Vitellia.[7]

Vitellia, e Sesto.

[*Recitativo*]

Vitellia
Ma che? Sempre l'istesso,
Sesto, a dir mi verrai? So, che sedotto
Fu Lentulo da te: che i suoi seguaci
Son pronti già: che il Campidoglio acceso
Darà moto a un tumulto.[8] Io tutto questo
Già mille volte udii; la mia vendetta
Mai non veggo però. S'aspetta forse
Che Tito a Berenice[9] in faccia mia
Offra d'amor insano
L'usurpato mio soglio, e la sua mano?
Parla, di', che s'attende?

Sesto

Oh Dio!

Vitellia

Sospiri![10]

6. Corrisponde a **M** (I, 1) con alcuni ampi tagli.
7. **M**: "Logge a vista del Tevere negli appartamenti di Vitellia".
8. In **M** qui un riferimento al nastro vermiglio, segno di riconoscimento dei congiurati, che è stato eliminato.
9. Per notizie su Berenice vedi Appendice, pag. 102.
10. Eliminati 28 versi di **M**.

Sesto
Pensaci meglio, o cara,
Pensaci meglio. Ah, non togliamo in Tito
La sua delizia al mondo, il padre a Roma,
L'amico a noi. Fra le memorie antiche
Trova l'egual, se puoi. Fingiti in mente
Eroe più generoso, e più clemente.
Parlagli di premiar; poveri a lui
Sembran gli erari sui.
Parlagli di punir; scuse al delitto
Cerca in ognun; chi all'inesperta ei dona,
Chi alla canuta età. Risparmia in uno
L'onor del sangue illustre: il basso stato
Compatisce nell'altro. Inutil chiama,
Perduto il giorno ei dice,
In cui fatto non ha qualcun felice.[11]

Vitellia
Dunque a vantarmi in faccia
Venisti il mio nemico? e più non pensi
Che questo eroe clemente un soglio usurpa
Dal suo tolto al mio padre?[12]
Che m'ingannò, che mi sedusse (e questo
È il suo fallo maggior) quasi ad amarlo?
E poi, perfido! e poi di nuovo al Tebro
Richiamar Berenice![13] una rivale

11. Eliminati 6 versi di **M**. "Atque etiam recordatus quondam super cenam, quod nihil cuiquam toto die praestitisset, memorabilem illam meritoque laudatam vocem edidit: Amici, diem perdidi" (*Svetonio*, VIII, 8): e una volta, del resto, essendosi ricordato durante la cena di non aver accordato nessun favore ad alcuno in tutto quel giorno, pronunciò la frase memorabile e giustamente lodata: Amici, ho perduto una giornata.
12. Non è Tito ad aver usurpato il soglio a Vitellio, bensì suo padre Vespasiano. Vitellia, in quanto figlia di Vitellio, non è un personaggio storico.
13. Berenice, che accompagnò Tito al suo rientro a Roma nel 71, tornò poco dopo in Egitto, ma nel 75 è nuovamente a Roma, e convive con Tito fino alla sua elezione nel 79.

Avesse scelta almeno
Degna di me fra le beltà di Roma.
Ma una barbara, Sesto,
Un'esule antepormi, una regina![14]

Sesto
Sai pur che Berenice
Volontaria tornò.

Vitellia
Narra a' fanciulli
Codeste fole. Io so gli antichi amori:
So le lacrime sparse allor, che quindi
L'altra volta partì; so come adesso
L'accolse, e l'onorò: chi non lo vede?
Il perfido l'adora.[15]

Sesto
Ah principessa,
Tu sei gelosa.

Vitellia
Io!

Sesto
Sì.

Vitellia
Gelosa io sono,
Se non soffro un disprezzo?

Sesto
Eppur...

14. "Rome, contre le rois de tout temps soulevée, / dédaigne une beauté dans la pourpre élevée" (Racine, *Bérénice*, III, 1).
15. "...propter insignem reginae Berenices amorem cui etiam nuptias pollicitus ferebatur" (*Svetonio*, VIII, 7): destava scandalo, fra l'altro, l'amore per la regina Berenice, alla quale si diceva avesse promesso il matrimonio.

Vitellia

Eppure

Non hai cor d'acquistarmi.

Sesto

Io son…

Vitellia

Tu sei

Sciolto d'ogni promessa. A me non manca
Più degno esecutor dell'odio mio.

Sesto

Sentimi.

Vitellia

Intesi assai.

Sesto

Fermati.

Vitellia

Addio.

Sesto

Ah Vitellia, ah mio nume,
Non partir! dove vai?
Perdonami, ti prego, io m'ingannai.

[*N. 1 – Duetto*][16]

Sesto

Come ti piace imponi:
Regola i moti miei.

16. Testo di Mazzolà, che per le due quartine iniziali utilizza le ultime parole del recitativo: "**Sesto**: Tutto, tutto farò: prescrivi, imponi, / regola i moti miei, / tu la mia sorte, il mio destin tu sei. – **Vitellia**: Prima che il sol tramonti / voglio Tito svenato, e voglio…" (**M**: I, 1).

Il mio destin tu sei:
Tutto farò per te.

Vitellia
Prima che il sol tramonti,
Estinto io vo' l'indegno.
Sai ch'egli usurpa un regno
Che in sorte il ciel mi diè.

Sesto
Già il tuo furor m'accende.

Vitellia
Ebben, che più s'attende?

Sesto
Un dolce sguardo almeno
Sia premio alla mia fé.

Vitella e Sesto
Fan mille affetti insieme
Battaglia in me spietata.
Un'alma lacerata
Più della mia non v'è.

Scena seconda[17]

Annio, *e detti.*

[*Recitativo*]

Annio
Amico, il passo affretta:
Cesare a sé ti chiama.

17. Testo di **M** senza varianti.

Vitellia

Ah non perdete
Questi brevi momenti. A Berenice
Tito gli usurpa.

Annio

Ingiustamente oltraggi,
Vitellia, il nostro eroe. Tito ha l'impero
E del mondo, e di sé.[18] Già per suo cenno
Berenice partì.

Sesto

Come?

Vitellia

Che dici?

Annio

Voi stupite a ragion. Roma ne piange,
Di maraviglia, e di piacere. Io stesso
Quasi nol credo: ed io
Fui presente, o Vitellia, al grande addio.

Vitellia

(Oh speranze!)

Sesto

Oh virtù!

Vitellia

Quella superba
Oh come volontieri udita avrei
Esclamar contro Tito.

Annio

Anzi giammai

18. "Je suis maître de moi comme de l'univers" (Corneille, *Cinna*, V, 3)

Più tenera non fu. Partì; ma vide,
Che adorata partiva, e che al suo caro
Men che a lei non costava il colpo amaro.[19]

Vitellia
Ognun può lusingarsi.

Annio
Eh si conobbe,
Che bisognava a Tito
Tutto l'eroe per superar l'amante.
Vinse, ma combatté: non era oppresso,
Ma tranquillo non era: ed in quel volto,
Dicasi per sua gloria,
Si vedea la battaglia, e la vittoria.

Vitellia
(Eppur forse con me, quanto credei
Tito ingrato non è.) Sesto, sospendi
D'eseguire i miei cenni: il colpo ancora
Non è maturo.

Sesto
E tu non vuoi ch'io vegga!...
Ch'io mi lagni, o crudele!...

Vitellia
Or che vedesti?
Di che ti puoi lagnar?

Sesto
Di nulla. (Oh Dio!)
Chi provò mai tormento eguale al mio.

19. "Berenicen statim ab urbe dimisit invitus invitam" (*Svetonio*, VIII, 7): in quanto a Berenice, la allontanò da Roma con dolore suo e di lei.

[*N. 2 – Aria*][20]

Vitellia

Deh se piacer mi vuoi,
  Lascia i sospetti tuoi:
  Non mi stancar con questo
  Molesto dubitar.
Chi ciecamente crede,
  Impegna a serbar fede;
  Chi sempre inganni aspetta
  Alletta ad ingannar.

(*parte*)

Scena terza[21]

Sesto, *ed Annio*.

[*Recitativo*]

Annio

Amico, ecco il momento
Di rendermi felice. All'amor mio
Servilia promettesti. Altro non manca
Che d'Augusto l'assenso. Ora da lui
Impetrarlo potresti.

Sesto

Ogni tua brama,
Annio, m'è legge. Impaziente anch'io
Questo nuovo legame, Annio, desio.

20. Testo di Metastasio (I, 2).
21. Per i primi 6 versi di Recitativo, testo di **M**.

[*N. 3 – Duettino*][22]

Sesto ed Annio

Deh prendi un dolce amplesso
  Amico mio fedel:
E ognor per me lo stesso
  Ti serbi amico il ciel.

(*partono*)[23]

22. Testo di Mazzolà, in sostituzione dell'aria di Annio "Io sento, che in petto" (**M**: I, 3).
23. In **M** segue un recitativo e aria di Sesto (I, 4).

Scena quarta[24]

Parte del Foro romano magnificamente adornato d'archi, obelischi, e trofei; in faccia aspetto esteriore del Campidoglio, e magnifica strada, per cui vi si ascende.[25]

[*N. 4 – Marcia*]

Publio, *Senatori romani, e i Legati delle provincie soggette, destinati a presentare al Senato gli annui imposti tributi.*
Mentre Tito, *preceduto da' Littori, seguito da' Pretoriani, e circondato da numeroso popolo, scende dal Campidoglio, cantasi il seguente*

[*N. 5 – Coro*][26]

Coro[27]

Serbate, o Dei custodi
Della romana sorte
In Tito il giusto, il forte,
L'onor di nostra età.
Voi gl'immortali allori
Sulla cesarea chioma,
Voi custodite a Roma
La sua felicità.
Fu vostro un sì gran dono:
Sia lungo il dono vostro;
L'invidi al mondo nostro
Il mondo, che verrà.

24. Corrisponde a **M** (I, 5) con qualche taglio.
25. Il Campidoglio, al tempo di Tito, era direttamente collegato al foro da una strada carrozzabile, il *clivus Capitolinus*, proseguimento della Via Sacra, che giungeva fino al tempio di Giove Capitolino, di cui si fa menzione nella più dettagliata didascalia di **M**.
26. Testo di Metastasio (I, 5).
27. **P**: il Coro canta solo la prima quartina.

Nel fine del Coro suddetto, Annio, *e* Sesto *da diverse parti.*

[*Recitativo*]

Publio (*a Tito*)
Te della patria il padre
Oggi appella il Senato: e mai più giusto
Non fu ne' suoi decreti, o invitto Augusto.

Annio
Né padre sol, ma sei
Suo nume tutelar. Più che mortale
Giacché altrui ti dimostri, a' voti altrui
Comincia ad avvezzarti. Eccelso tempio
Ti destina il Senato: e là si vuole
Che fra divini onori
Anche il nume di Tito il Tebro adori.

Publio
Quei tesori, che vedi,
Delle serve provincie annui tributi,
All'opra consagriam. Tito non sdegni
Questi del nostro amor publici segni.

Tito
Romani, unico oggetto
È de' voti di Tito il vostro amore:
Ma il vostro amor non passi
Tanto i confini suoi
Che debbano arrossirne e Tito, e voi.
Quegli offerti tesori
Non ricuso però. Cambiarne solo
L'uso pretendo. Udite: oltre l'usato
Terribile il Vesevo ardenti fiumi
Dalle fauci eruttò: scosse le rupi:
Riempié di ruine

I campi intorno, e le città vicine.
Le desolate genti
Fuggendo van: ma la miseria opprime
Quei che al foco avvanzar. Serva quell'oro
Di tanti afflitti a riparar lo scempio.[28]
Questo, o romani, è fabbricarmi il tempio.

Annio
Oh vero eroe!

Publio
Quanto di te minori
Tutti i premi son mai, tutte le lodi![29]

Tito
Basta, basta, o miei fidi.
Sesto a me s'avvicini: Annio non parta.
Ogn'altro s'allontani.

Si ritirano tutti fuori dell'atrio,[30] *e vi rimangono Tito, Sesto, ed Annio.*

Annio
(Adesso, o Sesto,
Parla per me.)

Sesto
Come, signor, potesti
La tua bella regina?...

28. "Quaedam sub eo fortuita ac tristia acciderunt, ut conflagratio Vesuvii montis in Campania [...] In iis tot adversis ac talibus non modo principis sollicitudinem sed et parentis affectum unicum praestitit, nunc consolando per edicta, nunc opitulando quatenus suppeteret facultas" (*Svetonio*, VIII, 8): sotto di lui si verificarono molte sciagure: l'eruzione del Vesuvio in Campania... In tante e così dolorose situazioni mostrò non solo la sollecitudine di un principe, ma anche l'amore di un padre, ora portando consolazione con gli editti, ora soccorrendo materialmente con le proprie risorse.
29. In **M** viene qui ripetuto il Coro "Serbate o Dei custodi".
30. **P**: per questa uscita, viene ripetuta integralmente la Marcia (N. 4).

Tito

Ah, Sesto amico,
Che terribil momento! Io non credei...
Basta; ho vinto: partì. Tolgasi adesso
A Roma ogni sospetto
Di vederla mia sposa. Una sua figlia
Vuol veder sul mio soglio,
E appagarla convien. Giacché l'amore
Scelse invano i miei lacci, io vo' che almeno
L'amicizia li scelga.[31] Al tuo s'unisca,
Sesto, il cesareo sangue. Oggi mia sposa
Sarà la tua germana.

Sesto
Servilia!

Tito
Appunto.

Annio
(Oh me infelice!)

Sesto
(Oh Dei!
Annio è perduto.)

Tito
Udisti?
Che dici? non rispondi?

Sesto
E chi potrebbe
Risponderti, signor? M'opprime a segno
La tua bontà. Che non ho cor... vorrei...

31. Non ho potuto scegliere la sposa per mezzo dell'amore, la sceglierò in nome dell'amicizia.

Annio
(Sesto è in pena per me.)

Tito
Spiegati. Io tutto
Farò per tuo vantaggio.

Sesto
(Ah si serva l'amico.)

Annio
(Annio coraggio.)

Sesto
Tito...

Annio
Augusto, conosco
Di Sesto il cor. Fin dalla cuna insieme
Tenero amor ne strinse. Ei di se stesso
Modesto estimator teme, che sembri
Sproporzionato il dono: e non s'avvede
Ch'ogni distanza eguaglia
D'un Cesare il favor. Ma tu consiglio
Da lui prender non dei. Come potresti
Sposa elegger più degna
Dell'impero, e di te? Virtù, bellezza,
Tutto è in Servilia. Io le conobbi in volto
Ch'era nata a regnar. De' miei presagi
L'adempimento è questo.

Sesto
(Annio parla così? Sogno, o son desto!)

Tito
Ebben recane a lei,
Annio, tu la novella; e tu mi siegui,
Amato Sesto; e queste

Tue dubbiezze deponi. Avrai tal parte
Tu ancor nel soglio, e tanto
T'innalzerò, che resterà ben poco
Dello spazio infinito,
Che fraposer gli Dei fra Sesto, e Tito.

Sesto
Questo è troppo, o signor. Modera almeno,
Se ingrati non ci vuoi,
Modera, Augusto, i benefici tuoi.

Tito
Ma che? se mi niegate
Che benefico io sia, che mi lasciate?

[*N. 6 – Aria*][32]

Tito
Del più sublime soglio
L'unico frutto è questo:
Tutto è tormento il resto;
E tutto è servitù.
Che avrei, se ancor perdessi,
Le sole ore felici
Ch'ho nel giovar gli oppressi:
Nel sollevar gli amici:
Nel dispensar tesori
Al merto, e alla virtù?
(*parte con Sesto*)

32. Testo di Metastasio (I, 5).

Scena quinta[33]

Annio, e poi Servilia.

[*Recitativo*]

Annio
Non ci pentiam. D'un generoso amante
Era questo il dover. Mio cor, deponi
Le tenerezze antiche: è tua sovrana
Chi fu l'idolo tuo. Cambiar conviene
In rispetto l'amore. Eccola. Oh Dei!
Mai non parve sì bella agli occhi miei.

Servilia
Mio ben.

Annio
Taci, Servilia. Ora è delitto
Il chiamarmi così.

Servilia
Perché?

Annio
Ti scelse
Cesare (che martir!) per sua consorte.
A te (morir mi sento) a te m'impose
Di recarne l'avviso (oh pena!) ed io…
Io fui… (parlar non posso) Augusta; addio.

Servilia
Come! fermati. Io sposa
Di Cesare? E perché?

33. Il Recitativo corrisponde a **M** (I, 6) con un piccolo taglio.

Annio

Perché non trova
Beltà, virtù che sia
Più degna d'un impero, anima... oh stelle!
Che dirò? lascia, Augusta,
Deh lasciami partir.

Servilia

Così confusa
Abbandonarmi vuoi? Spiegati: dimmi,
Come fu? Per qual via?...

Annio
Mi perdo, s'io non parto, anima mia.

[*N. 7 – Duetto*][34]

Annio

Ah perdona al primo affetto
Questo accento sconsigliato,
Colpa fu del labbro, usato
A così chiamarti ognor.[35]

Servilia

Ah tu fosti il solo oggetto
Che finor fedele amai;
E tu l'ultimo sarai,
Come fosti il primo amor.[36]

34. Testo di **M** per la prima quartina, che ripete senza varianti la prima quartina dell'aria di Annio (**M**: I, 6), la seconda quartina è una parafrasi della successiva aria di Servilia (**M**: I, 7) eliminata in **L**. Il seguito del Duetto è di Mazzolà.
35. In **M** in forma più elegante "A chiamarti ogn'or così".
36. **P**: "Ah tu fosti il primo oggetto / che finor fedele amai; / e tu l'ultimo sarai / ch'abbia nido in questo cor". Da notare che l'aggettivo "primo" intonato da Mozart è quello usato in **M**, mentre in **L** è scritto "solo".

Annio

Cari accenti del mio bene.

Servilia

Oh mia dolce cara spene.

Servilia e Annio

Più che sento[37] i sensi tuoi
In me cresce più l'ardor.
Qual piacer il cor risente
Quando un'alma è all'altra unita!...[38]
Ah si tronchi dalla vita
Tutto quel che non è amor.

(*partono*)

37. P: "Più che ascolto".
38. P: questo e il verso precedente vengono cantati in successione inversa e con una lieve modifica: "Quando un'alma è all'altra unita / qual piacer un cor risente!".

Scena sesta[39]

Ritiro delizioso nel sogiorno imperiale sul colle Palatino.[40]

Tito, *e* Publio *con un foglio.*

[*Recitativo*]

Tito
Che mi rechi in quel foglio?

Publio
I nomi ei chiude
De' rei, che osar con temerari accenti
De' Cesari già spenti
La memoria oltraggiar.

Tito
Barbara inchiesta,
Che agli estinti non giova, e somministra
Mille strade alla frode
D'insidiar gl'innocenti.

Publio
Ma v'è signor, chi lacerare ardisce
Anche il tuo nome.

Tito
E che perciò? Se 'l mosse
Leggerezza: nol curo;
Se follia: lo compiango.

39. Corrisponde a **M** (I, 8) con un taglio.
40. Il colle sacro, sul quale Romolo, secondo la tradizione, tracciò il solco primigenio e sul quale fondò la nuova città, in posizione dominante che controllava il passaggio del Tevere all'altezza dell'isola Tiberina, era anche il luogo di residenza degli imperatori, fin dal tempo di Augusto.

Se ragion: gli son grato! e se in lui sono
Impeti di malizia: io gli perdono.[41]

Publio
Almen…

Scena settima[42]

Servilia, e detti.

Servilia
Di Tito al piè…

Tito
Servilia! Augusta!

Servilia
Ah signor, sì gran nome
Non darmi ancora. Odimi prima… Io deggio
Palesarti un arcan.

Tito
Publio, ti scosta;
Ma non partir.
(*Publio si ritira*)

Servilia
Che del cesareo alloro
Me fra tante più degne,
Generoso monarca, inviti a parte,

41. "Duos patricii generis convictos in adfectatione imperii nihil amplius quam ut desisterent monuit, docens principatum fato dari, si quid praeterea desiderarent promittens se tributurum" (*Svetonio*, VIII, 9): due patrizi colpevoli di aspirare all'impero, egli si limitò ad ammonirli di desistere, sostenendo che il principato è un dono del destino, e se avessero desiderato qualche altra cosa li avrebbe esauditi.
42. Corrisponde a **M** (I, 9).

È dono tal che desterìa tumulto
Nel più stupido cor. Ma…

Tito

Parla.

Servilia

Il core,
Signor, non è più mio. Già da gran tempo
Annio me lo rapì. Valor che basti
Non ho per obbliarlo. Anche dal trono
Il solito sentiero
Farebbe a mio dispetto il mio pensiero.[43]
So, che oppormi è delitto
D'un Cesare al voler: ma tutto almeno
Sia noto al mio sovrano;
Poi, se mi vuol sua sposa, ecco la mano.

Tito
Grazie, o numi del ciel. Pur si ritrova
Chi s'avventuri a dispiacer col vero.
Alla grandezza tua la propria pace
Annio pospone! Tu ricusi un trono
Per essergli fedele! ed io dovrei
Turbar fiamme sì belle! Ah non produce
Sentimenti sì rei di Tito il core.
Sgombra ogni tema. Io voglio
Stringer nodo sì degno, e n'abbia poi
Cittadini la patria eguali a voi.

Servilia
Oh Tito! oh Augusto! oh vera
Delizia de' mortali! Io non saprei
Come il grato mio cor…

43. Sono certa che, anche divenuta sovrana, inconsciamente il mio pensiero si rivolgerebbe ad Annio.

Tito

Se grata appieno
Esser mi vuoi, Servilia, agli altri inspira
Il tuo candor. Di pubblicar procura,
Che grato a me si rende,
Più del falso che piace, il ver che offende.

[*N. 8 – Aria*][44]

Tito

Ah, se fosse intorno al trono
Ogni cor così sincero,
Non tormento un vasto impero,
Ma saria felicità.
Non dovrebbero i regnanti
Tollerar sì grave affanno
Per distinguer dall'inganno
L'insidiata verità.

(*parte*)

Scena ottava[45]

Servilia, poi Vitellia.

[*Recitativo*]

Servilia
Felice me!

Vitellia

Posso alla mia sovrana
Offrir del mio rispetto i primi omaggi?

44. Testo di Metastasio (I, 9).
45. I primi 5 versi corrispondono a **M** (I, 10).

Posso adorar quel volto
Per cui d'amor ferito
Ha perduto il riposo il cor di Tito?

Servilia[46]
Non essere meco irata:
Forse la regia destra è a te serbata.
(*parte*)[47]

Scena nona[48]

Vitellia, poi Sesto.

Vitellia
Ancora mi schernisce?
Questo soffrir degg'io
Vergognoso disprezzo? Ah con qual fasto
Qui mi lascia costei! Barbaro Tito,
Ti parea dunque poco
Berenice antepormi? Io dunque sono
L'ultima de' viventi. Ah trema ingrato,
Trema d'avermi offesa. Oggi 'l tuo sangue…

Sesto
Mia vita.

Vitellia
Ebben, che rechi? Il Campidoglio
È acceso? è incenerito?
Lentulo dove sta? Tito è punito?

46. In **M** Servilia, nel rispondere a Vitellia, mostra un vago, imprecisato proposito di vendetta,
47. In **M** Servilia, prima di allontanarsi, canta l'aria "Non ti lagnar s'io parto" (I, 10).
48. Corrisponde a **M** (I, 11) con tagli radicali.

Sesto
Nulla intrapresi ancor.

Vitellia
Nulla! e sì franco
Mi torni innanzi? E con qual merto ardisci
Di chiamarmi tua vita?

Sesto
È tuo comando
Il sospendere il colpo.

Vitellia
E non udisti
I miei novelli oltraggi? un altro cenno
Aspetti ancor? Ma ch'io ti creda amante
Dimmi, come pretendi,
Se così poco i miei pensieri intendi?

Sesto
Se una ragion potesse[49]
Almen giustificarmi?

Vitellia
Una ragione!
Mille n'avrai, qualunque sia l'affetto
Da cui prenda il tuo cor regola, e moto.
È la gloria il tuo voto? Io ti propongo
La patria a liberar. Sei d'un'illustre
Ambizion capace? Eccoti aperta
Una strada all'impero.
Renderti fortunato
Può la mia mano? Corri,
Mi vendica, e son tua.

49. L: "Se una ragion poteste".

D'altri stimoli hai d'uopo?
Sappi, che Tito amai,
Che del mio cor l'acquisto
Ei t'impedì: che se rimane in vita,
Si può pentir: ch'io ritornar potrei,
Non mi fido di me, forse ad amarlo.
Or va: se non ti move
Desio di gloria, ambizione, amore;
Se tolleri un rivale,
Che usurpò, che contrasta,
Che involarti potria gli affetti miei,
Degli uomini 'l più vil dirò che sei.

Sesto
Quante vie d'assalirmi!
Basta, basta non più, già m'inspirasti,
Vitellia, il tuo furore. Arder vedrai
Fra poco il Campidoglio, e quest'acciaro
Nel sen di Tito… (Ah sommi Dei! qual gelo
Mi ricerca le vene…)

Vitellia
Ed or che pensi?

Sesto
Ah Vitellia!

Vitellia
Il previdi,
Tu pentito già sei.

Sesto
Non son pentito,
Ma…

Vitellia
Non stancarmi più. Conosco, ingrato,
Che amor non hai per me. Folle, ch'io fui!

Già ti credea; già mi piacevi, e quasi
Cominciavo ad amarti. Agli occhi miei
Involati per sempre,
E scordati di me.

Sesto

Fermati: io cedo,
Io già volo a servirti.

Vitellia

Eh non ti credo:
M'ingannerai di nuovo. In mezzo all'opra
Ricorderai…

Sesto

No: mi punisca amore,
Se penso ad ingannarti.

Vitellia

Dunque corri; che fai? Perché non parti?

[*N. 9 – Aria*][50]

Sesto

Parto, ma tu ben mio,
Meco ritorna in pace:
Sarò qual più ti piace
Quel che vorrai farò.
Guardami, e tutto oblio,
E a vendicarti io volo:
A questo sguardo solo
Da me si penserà.

50. Testo di **M** (I, 11) per la prima quartina e per i primi due versi della seconda; il terzo e quarto verso variati (**M**: "Di quello sguardo solo / io mi ricorderò"); i due ultimi versi "a parte" sono un'aggiunta di Mazzolà.

(Ah qual potere oh Dei!
Donaste alla beltà.)

(*parte*)

Scena decima[51]

Vitellia, poi Publio, ed Annio.

[*Recitativo*]

Vitellia
Vedrai, Tito, vedrai, che alfin sì vile
Questo volto non è. Basta a sedurti
Gli amici almen, se ad invaghirti è poco.
Ti pentirai…

Publio
Tu qui, Vitellia? Ah corri,
Va Tito alle tue stanze.

Annio
Vitellia, il passo affretta,
Cesare di te cerca.

Vitellia
Cesare!

Publio
Ancor nol sai?
Sua consorte t'elesse.

51. Il Recitativo corrisponde a **M** (I, 12) con qualche variante, soprattutto per la presenza di Annio, che in **M** non è prevista.

Annio
Tu sei la nostra Augusta; e il primo omaggio
Già da noi ti si rende.

Publio
Ah principessa, andiam: Cesare attende.

[*N. 10 – Terzetto*][52]

Vitellia
Vengo… aspettate… Sesto…
Ahimè! Sesto… è partito?
Oh sdegno mio funesto!
Oh insano mio furor!
(Che angustia! che tormento!
Io gelo oh Dio! d'orror.)

Annio e Publio
Oh come un gran contento
Come confonde un cor.
(*partono*)[53]

52. Testo di Mazzolà, parafrasi delle ultime battute del recitativo: "**Vitellia**: Aspetta. (Oh dèi?) / Sesto?… Misera me! (*verso la scena*) Sesto?… È partito. / Publio corri… Raggiungi… / Digli… No. Va più tosto… (Ah mi lasciai / trasportar dallo sdegno.) E ancor non vai? – **Publio**: Dove? – **Vitellia**: A Sesto. – **Publio**: E dirò? – **Vitellia**: Che a me ritorni; / che non tardi un momento. – **Publio**: Vado. (Oh come confonde un gran contento!)" (**M**: I, 12).
53. In **M** il Recitativo precedente (I, 12) si conclude con l'uscita di Publio; Vitellia, rimasta sola (I, 13) esprime in un breve Recitativo i contrastanti sentimenti che ora nutre verso Tito, e la scena, e il I atto, si concludono con l'aria di speranza "Quando sarà quel dì".

Scena undicesima

Campidoglio, come prima.

Sesto *solo.*[54]

[*N. 11 – Recitativo accompagnato*]

Sesto
Oh Dei, che smania è questa,
Che tumulto ho nel cor! palpito, agghiaccio,
M'incammino, m'arresto; ogn'aura, ogn'ombra
Mi fa tremare. Io non credea, che fosse
Sì difficile impresa esser malvagio.
Ma compirla convien. Almen si vada
Con valor a perir. Valore! e come
Può averne un traditor? Sesto infelice!
Tu traditor! Che orribil nome! Eppure
T'affretti a meritarlo. E chi tradisci?
Il più grande, il più giusto, il più clemente
Principe della terra, a cui tu devi
Quanto puoi, quanto sei. Bella mercede
Gli rendi in vero. Ei t'innalzò per farti
Il carnefice suo. M'inghiotta il suolo
Prima ch'io tal divenga. Ah non ho core,
Vitellia, a secondar gli sdegni tui!
Morrei prima del colpo in faccia a lui.

54. Nella lista dei personaggi presenti nella Scena XI, **L** indica "Sesto solo, indi Annio poi Servilia, Publio, Vitellia da diversa parte". Si è corretto con "Sesto solo", in quanto gli altri personaggi entrano nelle due scene seguenti. I primi 18 versi del Recitativo di Sesto corrispondono ai primi 22 versi di **M** (II, 1).

Si desta nel Campidoglio un incendio, che a poco a poco va crescendo.

Sesto[55]
Arde già il Campidoglio.
Un gran tumulto io sento
D'armi, e d'armati: ahi! tardo è il pentimento.

[*N. 12 – Finale. Quintetto con Coro*][56]

Sesto
Deh conservate, oh Dei,
A Roma il suo splendor,
O almeno i giorni miei
Co' suoi troncate ancor.

Annio
Amico, dove vai?

Sesto
Io vado... lo saprai,
Oh Dio! per mio rossor.[57]
(*ascende frettoloso nel Campidoglio*)

55. P: l'ultima frase di Sesto è preceduta da queste parole: "S'impedisca... ma come? Arde già il Campidoglio..."
56. Testo di Mazzolà, che prende spunto dal recitativo di **M** (II, 2-6), ma poi orchestra una scena del tutto originale. Rispetto a **M**, risultano tagliate molte pagine di Recitativo, e le Arie di Publio ("Sia lontano ogni cimento", II, 4), di Servilia ("Almen, se non poss'io", II, 5), e di Vitellia ("Come potesti, oh Dio", II, 6).
57. M: "**Annio**: Sesto dove t'affretti? – **Sesto**: Io corro amico... / Oh dèi! Non m'arrestar. (*vuol partire*) – **Annio**: Ma dove vai? – **Sesto**: Vado... Per mio rossor già lo saprai" (II, 2).

Scena dodicesima

Annio, poi Servilia, indi Publio.

Annio

Io Sesto non intendo…
Ma qui Servilia viene.

Servilia

Ah che tumulto orrendo![58]

Annio

Fuggi di qua mio bene.

Servilia

Si teme che l'incendio
Non sia dal caso nato,
Ma con peggior disegno
Ad arte suscitato.[59]

Coro (*in distanza*)

…Ah!…

Publio

V'è in Roma una congiura,
Per Tito ahimè pavento:
Di questo tradimento
Chi mai sarà l'autor?

Coro

…Ah!…

58 **M**: "**Publio**: Roma tutta è in tumulto; il Campidoglio / vasto incendio divora" (II, 3).
59. M: "**Publio**: Ah voglia il Cielo / che un'opra sia del caso, e che non abbia / forse più reo disegno / chi destò quelle fiamme" (II, 4).

Servilia, Annio, Publio

Le grida ahimè ch'io sento
Mi fan gelar d'orror.[60]

Coro

...Ah!...

Scena tredicesima

Detti, e Vitellia.

Vitellia

Chi per pietade oh Dio!
M'addita dov'è Sesto?[61]
(In odio a me son io
Ed ho di me terror.)

Servilia, Annio, Publio

Di questo tradimento
Chi mai sarà l'autor!

Coro

...Ah! ah!...

Vitellia, Servilia, Annio, Publio

Le grida ahimè ch'io sento
Mi fan gelar d'orror.

Coro

...Ah! ah!...

60. M: "**Servilia**: Ah tu mi fai / tutto il sangue gelar" (II, 4).
61. M: "**Vitellia**: Chi per pietà m'addita / Sesto dov'è?" (II, 6).

Scena quattordicesima

Detti, e Sesto che scende dal Campidoglio.

Sesto

(Ah dove mai m'ascondo?[62]
Apriti, o terra, inghiottimi,
E nel tuo sen profondo
Rinserra un traditor.)

Vitellia

Sesto!

Sesto

Da me che vuoi?

Vitellia

Quai sguardi vibri intorno?

Sesto

Mi fa terror il giorno.

Vitellia

Tito?...

Sesto

La nobil alma
Versò dal sen trafitto.[63]

Servilia, Annio, Publio

Qual destra rea macchiarsi
Poté d'un tal delitto?

62. **M**: "**Sesto**: Ove m'ascondo, / dove fuggo infelice!" (II, 6).
63. **M**: "**Sesto**: Già Tito... Oh Dio! Già dal trafitto seno / versa l'anima grande" (II, 6).

Sesto

Fu l'uom più scellerato,
L'orror della natura,
Fu…

Vitellia

Taci forsennato,
Deh non ti palesar.

Tutti

Ah dunque l'astro è spento
Di pace apportator!

Tutti e Coro

Oh nero tradimento,
Oh giorno di dolor!

Fine dell'Atto primo

Atto secondo

Scena prima[1]

Ritiro delizioso nel soggiorno Imperiale sul colle Palatino.

Annio, e Sesto.

[*Recitativo*]

Annio
Sesto, come tu credi,
Augusto non perì. Calma il tuo duolo:
In questo punto ei torna
Illeso dal tumulto.

Sesto
Eh tu m'inganni.
Io stesso lo mirai cader trafitto
Da scellerato acciaro.

Annio
Dove?

Sesto
Nel varco angusto, onde si ascende
Quinci presso al Tarpeo.[2]

Annio
No: travedesti.
Tra il fumo, e tra il tumulto,
Altri Tito ti parve.

1. Questa scena sintetizza il più ampio Recitativo di **M** (II, 7)
2. La Rupe Tarpea, il Mons Tarpeius, prende il suo nome, secondo un'antica leggenda, da Tarpea, figlia del custode del Campidoglio, che sarebbe stato uccisa dai Sabini dopo aver loro consegnato il colle. Dalla rupe venivano gettati i traditori condannati a morte. Occupa il lato occidentale del Campidoglio.

Sesto

Altri! e chi mai
Delle cesaree vesti
Ardirebbe adornarsi? Il sacro alloro,
L'augusto ammanto...

Annio

Ogni argomento è vano.
Vive Tito, ed è illeso. In questo istante
Io da lui mi divido.

Sesto

Oh Dei pietosi!
Oh caro prence! oh dolce amico! Ah lascia
Che a questo sen... Ma non m'inganni?...

Annio

Io merto
Sì poca fé? Dunque tu stesso a lui
Corri e 'l vedrai.

Sesto

Ch'io mi presenti a Tito
Dopo averlo tradito?

Annio
Tu lo tradisti?

Sesto

Io del tumulto, io sono
Il primo autor.

Annio

Come! perché?

Sesto

Non posso
Dirti di più.

Annio

Sesto è infedele!

Sesto

Amico,
M'ha perduto un istante. Addio. M'involo
Alla patria per sempre.
Ricordati di me: Tito difendi
Da nuove insidie. Io vo ramingo, afflitto,
A pianger fra le selve il mio delitto.

Annio
Fermati: oh Dei! pensiamo… Incolpan molti
Di questo incendio il caso; e la congiura
Non è certa fin ora…

Sesto
Ebben, che vuoi?

Annio

Che tu non parta ancora.

[*N. 13 – Aria*][3]

Annio

Torna di Tito a lato:
Torna; e l'error passato
Con replicate emenda
Prove di fedeltà.
L'acerbo tuo dolore
È segno manifesto
Che di virtù nel core
L'immagine ti sta.

3. Testo di Mazzolà, che per la prima quartina parafrasa il Recitativo di **M**: "**Annio**: Che tu non parta ancor; che taccia il fallo; / che torni a Tito; e che con mille emendi / prove di fedeltà l'error passato" (II, 7). In **M** la scena prosegue con lo scambio dei mantelli, e si conclude con l'aria di Sesto "Fra stupido, e pensoso".

Torna di Tito a lato:
Torna; e l'error passato
Con replicate emenda
Prove di fedeltà.

(*parte*)

Scena seconda[4]

Sesto, poi Vitellia.

[*Recitativo*]

Sesto
Partir deggio, o restar? Io non ho mente
Per distinguer consigli.

Vitellia
Sesto, fuggi, conserva
La tua vita, e 'l mio onor. Tu sei perduto
Se alcun ti scopre, e se scoperto sei
Publico è il mio secreto.

Sesto
In questo seno
Sepolto resterà. Nessuno il seppe.
Tacendolo morrò.

4. Questa scena corrisponde a **M** (II, 14) con ampi tagli; risultano quindi eliminate sei scene, nel corso delle quali, fra l'altro, il mantello dei cospiratori indossato da Annio lo fa passare per colpevole, provocando da un lato il sofferto stupore di Tito e Servilia, dall'altro mettendo Sesto nel drammatico dubbio se lasciar morire l'amico innocente o, svelando la propria colpa, condannare anche Vitellia. Oltre a molte pagine di Recitativo, risultano tagliate un'aria di Tito ("Tu infedel non hai difese", II, 11) e una di Servilia ("Non odo gli accenti", II, 12) che sono entrambe atti di accusa nei confronti di Annio, e un'aria che Annio canta prima di esser condotto via dalle guardie ("Ch'io parto reo, lo vedi", II, 13).

Vitellia

Mi fiderei,
Se minor tenerezza
Per Tito in te vedessi. Il suo rigore
Non temo già, la sua clemenza io temo:
Questa ti vincerà.

Scena terza[5]

Publio con guardie, e detti.

Publio

Sesto.

Sesto

Che chiedi?

Publio

La tua spada.

Sesto

E perché?

Publio

Colui, che cinto
Delle spoglie regali agli occhi tuoi
Cadde trafitto al suolo, ed ingannato
Dall'apparenza tu credesti Tito,
Era Lentulo: il colpo
La vita a lui non tolse: il resto intendi.
Vieni.

Vitellia

(Oh colpo fatale!)

5. Corrisponde a **M** (II, 15) qui lievemente ampliata, per i riferimenti a Lentulo che in **M** erano già stati affrontati.

Sesto[6]

Alfin tiranna…

Publio

Sesto partir conviene. È già raccolto
Per udirti il Senato; e non poss'io
Differir di condurti.

Sesto

Ingrata, addio.

Scena quarta[7]

Detti.

[*N. 14 – Terzetto*][8]

Sesto

Se al volto mai ti senti
Lieve aura, che s'aggiri,
Gli estremi miei sospiri
Quell'alito sarà.

Vitellia

(Per me vien tratto a morte:
Ah dove mai m'ascondo!
Fra poco noto al mondo
Il fallo mio sarà.)[9]

6. **P**: didascalia "dà la spada".
7. Questa Scena IV, così indicata in **L**, in realtà dovrebbe essere il seguito della III, poiché non vi è alcuna mutazione di attori.
8. Testo di Mazzolà: per la prima quartina trasforma in settenari i decasillabi dell'aria di Sesto: "Se mai senti spirarti sul volto / lieve fiato, che lento s'aggiri; / di' son questi gli estremi sospiri / del mio fido, che muore per me" (II, 15). La seconda quartina è la parafrasi del recitativo seguente: "**Vitellia**: Misera che farò? Quell'infelice / oh Dio, more per me. Tito fra poco / saprà il mio fallo, e lo sapran con lui / tutti per mio rossor" (II, 16).
9. Le parentesi, a indicare che Vitellia si esprime "a parte", non si trovano in **L**.

Publio

Vieni.

Sesto

Ti sieguo…

(*a Vitellia*)

addio.

Vitellia

Senti… mi perdo, oh Dio!

Publio

Vieni.

Vitellia

Che crudeltà!

Sesto (*in atto di partire*)

Rammenta chi t'adora
In questo stato ancora.
Mercede al mio dolore
Sia almen la tua pietà.

Vitellia

(Mi laceran il core
Rimorso, orror, spavento.[10]
Quel che nell'alma io sento
Di duol morir mi fa.)

Publio

(L'acerbo amaro pianto,
Che da' suoi lumi piove,
L'anima mi commove,
Ma vana è la pietà.)[11]

(*Publio e Sesto partono con le Guardie, e Vitellia dalla parte opposta*)[12]

10. **M**: "Altro non sento, / che moti di rimorso, e di spavento" (II, 16).
11. Anche questo di Publio è un "a parte", e le parentesi non si trovano in **L**.
12. In **M** Vitellia, prima di allontanarsi, ha un breve Recitativo e l'aria "Tremo fra' dubbi miei" (II, 16), e termina il II atto.

Scena quinta

Gran Sala destinata alle publiche udienze.
Trono, sedia, e tavolino.

Tito, Publio, Patrizi, Pretoriani, e Popolo.

[*N. 15 – Coro*][13]

Coro

Ah grazie si rendano
Al sommo Fattor,
Che in Tito del trono
Salvò lo splendor.

Tito

Ah no, sventurato
Non sono cotanto,
Se in Roma il mio fato
Si trova compianto,
Se voti per Tito
Si formano ancor.

Coro

Ah grazie si rendano
Al sommo Fattor,
Che in Tito del trono
Salvò lo splendor.

13. Testo di Mazzolà.

[*Recitativo*][14]

Publio
Già de' publici giuochi,
Signor, l'ora trascorre. Il dì solenne
Sai che non soffre il trascurargli. È tutto
Colà d'intorno alla festiva arena
Il popolo raccolto; e non s'attende
Che la presenza tua. Ciascun sospira
Dopo il noto periglio
Di rivederti salvo. Alla tua Roma
Non differir sì bel contento.

Tito
Andremo,
Publio, fra poco. Io non avrei riposo,
Se di Sesto il destino
Pria non sapessi. Avrà il Senato omai
Le sue discolpe udite; avrà scoperto,
Vedrai, ch'egli è innocente; e non dovrebbe
Tardar molto l'avviso.

Publio
Ah troppo chiaro
Lentulo favellò.

Tito
Lentulo forse
Cerca al fallo un compagno
Per averlo al perdono. Ei non ignora
Quanto Sesto m'è caro. Arte comune
Questa è de' rei: pur dal Senato ancora

14. Corrisponde senza varianti a **M** (III, 1), dove però si svolge in una "Camera chiusa".

Non torna alcun. Che mai sarà? Va: chiedi
Che si fa, che si attende? Io tutto voglio
Saper pria di partir.

Publio

Vado, ma temo
Di non tornar nunzio felice.

Tito

E puoi
Creder Sesto infedele? Io dal mio core
Il suo misuro; e un impossibil parmi
Ch'egli m'abbia tradito.

Publio
Ma, signor, non han tutti il cor di Tito.

[*N. 16 – Aria*][15]

Publio

Tardi s'avvede
D'un tradimento
Chi mai di fede
Mancar non sa.
Un cor verace
Pieno d'onore
Non è portento
Se ogn'altro core
Crede incapace
D'infedeltà.

(*parte*)

15. Testo di **M** (III, 1).

Scena sesta[16]

Tito, poi Annio.

[*Recitativo*]

Tito
No: così scellerato
Il mio Sesto non credo. Io l'ho veduto
Non sol fido, ed amico;
Ma tenero per me. Tanto cambiarsi
Un'alma non potrebbe. Annio che rechi?
L'innocenza di Sesto?
Consolami.

Annio
Signor, pietà per lui
Ad implorar io vengo.

Scena settima[17]

Detti, Publio con foglio.

Publio
Cesare, nol diss'io?[18] Sesto è l'autore
Della trama crudel.

Tito
Publio, ed è vero?

16. Corrisponde a **M** (III, 2) ma ampiamente ridotta.
17. Corrisponde a **M** (III, 3) senza varianti, tranne nella conclusione.
18. Il punto interrogativo non si trova né in **L** né in **P**, ma è presente in **M**.

Publio
Purtroppo: ei di sua bocca
Tutto affermò. Co' complici il Senato
Alle fiere il condanna. Ecco il decreto
Terribile, ma giusto:
(*dà il foglio a Tito*)
Né vi manca, o signor, che il nome Augusto.

Tito
Onnipossenti Dei!
(*si getta a sedere*)

Annio[19]
Ah pietoso monarca…

Tito
Annio, per ora
Lasciami in pace.

Publio
Alla gran pompa unite
Sai che le genti omai…

Tito
Lo so: partite.

Annio
Deh perdona, s'io parlo
In favor d'un insano.
Della mia cara sposa egli è germano.

19. **P**: didascalia "inginocchiandosi", presente anche in **M**.

[*N. 17 – Aria*][20]

Annio

Tu fosti tradito:
Ei degno è di morte:
Ma il core di Tito
Pur lascia sperar.
Deh prendi consiglio,
Signor, dal tuo core:
Il nostro dolore
Ti degna mirar.

(*Publio ed Annio partono*)

Scena ottava[21]

Tito solo a sedere.

[*Recitativo accompagnato*]

Tito

Che orror! che tradimento!
Che nera infedeltà! fingersi amico,
Essermi sempre al fianco: ogni momento
Esiger dal mio core
Qualche prova d'amore; e starmi intanto
Preparando la morte! ed io sospendo
Ancora la pena? e la sentenza ancora
Non segno?.. Ah sì, lo scellerato mora.
(*prende la penna per sottoscrivere*)

20. Testo di Mazzolà, in sostituzione dell'aria che in **M** conclude la scena e in cui Annio invoca pietà per Sesto: "Pietà signor di lui" (III, 3).
21. Corrisponde a **M** (III, 4) senza varianti.

Mora!... Ma senza udirlo
Mando Sesto a morir? Sì: già l'intese
Abbastanza il Senato. E s'egli avesse
Qualche arcano a svelarmi?
(*depone la penna*)
– Olà! –
(*intanto esce una guardia*)
S'ascolti,
E poi vada al supplicio. – A me si guidi
Sesto. – [22]
(*la guardia parte*)
È pur di chi regna
Infelice il destino! A noi si nega
Ciò che a' più bassi è dato. In mezzo al bosco
Quel villanel mendico, a cui circonda
Ruvida lana il rozzo fianco, a cui
È mal fido riparo
Dall'ingiurie del ciel tugurio informe,
Placido i sonni dorme,
Passa tranquillo i dì. Molto non brama:
Sa chi l'odia, e chi l'ama: unito e solo
Torna sicuro alla foresta, al monte;
E vede il core a ciascheduno in fronte.[23]

[*Recitativo*]

Tito
Noi fra tante ricchezze
Sempre incerti viviam: ché in faccia a noi
La speranza, o il timore

22. Sia in **M** che in **L** le parole che Tito rivolge alla guardia, nel mezzo di un lungo soliloquio, sono poste fra parentesi. Sono state sostituite da un trattino.
23. Qui termina il Recitativo accompagnato.

Sulla fronte d'ognun trasforma il core.
Chi dall'infido amico – olà –[24] chi mai
Questo temer dovea?

Scena nona[25]

Publio, e *Tito*.

Tito

Ma, Publio, ancora
Sesto non viene?

Publio

Ad eseguire il cenno
Già volaro i custodi.

Tito

Io non comprendo
Un sì lungo tardar.

Publio

Pochi momenti
Sono scorsi, o signor.

Tito

Vanne tu stesso;
Affrettalo.

Publio

Ubbidisco… i tuoi Littori

24. Anche qui la parentesi, presente in **L**, indica che Tito sta chiamando qualcuno, e infatti in **P** la didascalia precisa "chiamando verso il fondo". Come nel caso precedente, la parentesi è stata sostituita da un trattino.
25. Corrisponde a **M** (III, 5) senza varianti.

Veggonsi comparir. Sesto dovrebbe
Non molto esser lontano. Eccolo.

Tito

Ingrato!

All'udir che s'appressa
Già mi parla a suo pro l'affetto antico.
Ma no: trovi il suo prence, e non l'amico.[26]

Scena decima

Tito, Publio, Sesto, e custodi. Sesto entrato appena, si ferma.

[*N. 18 – Terzetto*][27]

Sesto

(Quello di Tito è il volto!...
Ah dove oh stelle! è andata
La sua dolcezza usata?
Or ei mi fa tremar.)

Tito

(Eterni Dei! di Sesto
Dunque il sembiante è questo?
Oh come può un delitto
Un volto trasformar!)

26. In **M** didascalia: "siede e si compone in atto di maestà".
27. Testo di Mazzolà, parafrasi del recitativo di **M**: "**Sesto**: (Numi! È quello ch'io miro / di Tito il volto! Ah la dolcezza usata / più non ritrovo in lui. Come divenne / terribile per me!) – **Tito**: (Stelle! Ed è questo / il sembiante di Sesto? Il suo delitto / come lo trasformò! Porta sul volto / la vergogna, il rimorso, e lo spavento.) – **Publio**: (Mille affetti diversi ecco a cimento.) – **Tito** (*a Sesto con maestà*): Avvicinati. – **Sesto**: (Oh voce, / che mi piomba sul cor!) – **Tito**: Non odi? – **Sesto** (*s'avanza due passi, e si ferma*): (Oh Dio! / Mi trema il piè; sento bagnarmi il volto / da gelido sudore; / l'angoscia del morir non è maggiore.) – **Tito**: (Palpita l'infedel.) – **Publio**: (Dubbio mi sembra / se il pensar, che ha fallito / più dolga a Sesto, o se il punirlo a Tito.)" (III, 6).

Publio

(Mille diversi affetti
In Tito guerra fanno.
S'ei prova un tal affanno,
Lo seguita ad amar.)

Tito

Avvicinati.

Sesto

(Oh voce
Che piombami sul core.)

Tito

Non odi?

Sesto

(Di sudore
Mi sento oh Dio! bagnar.)[28]

Tito e Publio

(Palpita il traditore,
Né gli occhi ardisce alzar.)

Sesto

(Oh Dio! non può chi more
Non può di più penar.)

[*Recitativo*][29]

Tito

(Eppur mi fa pietà.) Publio, custodi,
Lasciatemi con lui.
(*Publio, e le guardie partono*)

28. In **L** questo intervento di Sesto non è posto fra parentesi, ma è indubbio trattarsi di un "a parte".
29. Riprende da **M** (III, 6) il seguito del recitativo, senza varianti fino al Rondò.

Sesto

(No, di quel volto
Non ho costanza a sostener l'impero.)

Tito *(depone l'aria maestosa)*
Ah Sesto è dunque vero?[30]
Dunque vuoi la mia morte? In che t'offese
Il tuo prence, il tuo padre,
Il tuo benefattor? Se Tito Augusto
Hai potuto obbliar, di Tito amico
Come non ti sovvenne? Il premio è questo
Della tenera cura,
Ch'ebbi sempre di te? Di chi fidarmi
In avvenir potrò, se giunse oh Dei!
Anche Sesto a tradirmi? E lo potesti?
E 'l cor te lo sofferse?

Sesto *(s'inginocchia)*
Ah Tito, ah mio
Clementissimo prence,
Non più, non più: se tu veder potessi
Questo misero cor; spergiuro, ingrato
Pur ti farei pietà. Tutte ho sugli occhi
Tutte le colpe mie: tutti rammento
I benefici tuoi: soffrir non posso,
Né l'idea di me stesso,
Né la presenza tua. Quel sacro volto,
La voce tua, la tua clemenza istessa
Diventò mio supplicio. Affretta almeno,
Affretta il mio morir. Toglimi presto

30. P: "Ah Sesto dunque è vero?".

Questa vita infedel: lascia, ch'io versi,
Se pietoso esser vuoi,
Questo perfido sangue ai piedi tuoi.

Tito
Sorgi, infelice!
(*Sesto si leva*)
(Il contenersi è pena
A quel tenero pianto.) Or vedi a quale
Lacrimevole stato
Un delitto riduce, una sfrenata
Avidità d'impero! E che sperasti
Di trovar mai nel trono? Il sommo forse
D'ogni contento? Ah sconsigliato! osserva
Quai frutti io ne raccolgo,
E bramalo, se puoi.

Sesto
No, questa brama
Non fu, che mi sedusse.

Tito
Dunque che fu?

Sesto
La debolezza mia,
La mia fatalità.

Tito
Più chiaro almeno
Spiegati.

Sesto
Oh Dio! non posso.

Tito
Odimi, o Sesto:
Siam soli: il tuo sovrano

Non è presente. Apri il tuo core a Tito:
Confidati all'amico. Io ti prometto,
Che Augusto nol saprà. Del tuo delitto
Di' la prima cagion. Cerchiamo insieme
Una via di scusarti. Io ne sarei
Forse di te più lieto.

Sesto

Ah la mia colpa
Non ha difesa.

Tito

In contraccambio almeno
D'amicizia lo chiedo. Io non celai
Alla tua fede i più gelosi arcani:
Merito ben che Sesto
Mi fidi un suo segreto.

Sesto

(Ecco una nuova
Specie di pena! o dispiacere a Tito,
O Vitellia accusar.)

Tito (*incomincia a turbarsi*)

Dubiti ancora?
Ma, Sesto, mi ferisci
Nel più vivo del cor. Vedi, che troppo
Tu l'amicizia oltraggi
Con questo diffidar.
(*con impazienza*)

Pensaci: appaga
Il mio giusto desio.

Sesto (*con disperazione*)
(Ma qual astro splendeva al nascer mio!)

Tito
E taci? E non rispondi? Ah giacché puoi
Tanto abusar di mia pietà…

Sesto
Signore…
Sappi dunque… (che fo?)

Tito
Siegui.

Sesto
(Ma quando
Finirò di penar?)[31]

Tito
Parla una volta:
Che mi volevi dir?

Sesto
Ch'io son l'oggetto
Dell'ira degli Dei: che la mia sorte
Non ho più forza a tollerar: ch'io stesso
Traditor mi confesso, empio mi chiamo:
Ch'io merito la morte, e ch'io la bramo.

Tito
Sconoscente! e l'avrai.
(*alle guardie, che saranno uscite*)
Custodi, il reo
Toglietemi d'innanzi.

Sesto
Il bacio estremo
Su quella invitta man…

31. Le parentesi non si trovano in **L** e sono state aggiunte, come in **M**.

Tito[32]
Parti: non è più tempo,
Or tuo giudice sono.

Sesto
Ah sia questo, signor, l'ultimo dono.

[*N. 19 – Rondò*][33]

Sesto
Deh per questo instante solo
Ti ricorda il primo amor.
Ché morir mi fa di duolo
Il tuo sdegno, il tuo rigor.
Di pietade indegno è vero,
Sol spirar io deggio orror.
Pur saresti men severo,
Se vedessi questo cor.
Disperato vado a morte;
Ma il morir non mi spaventa.
Il pensiero mi tormenta
Che fui teco un traditor.
(Tanto affanno soffre un core,
Né si more di dolor!)
(*parte*)

32. **P**: didascalia "senza guardarlo".
33. Testo di Mazzolà, che riprende alcuni spunti e parole dell'aria di **M**: "Vo disperato a morte; / né perdo già costanza / a vista del morir. / Funesta la mia sorte / la sola rimembranza / ch'io ti potei tradir" (III, 6).

Scena undicesima[34]

Tito solo.

[*Recitativo*]

Tito
Ove s'intese mai più contumace
Infedeltà?[35] Deggio alla mia negletta
Disprezzata clemenza una vendetta.
Vendetta!... Il cor di Tito
Tali sensi produce?... Eh viva... in vano
Parlan dunque le leggi? Io lor custode
L'eseguisco così? Di Sesto amico
Non sa Tito scordarsi?... Ogn'altro affetto
D'amicizia, e pietà taccia per ora.
(*siede*)
Sesto è reo: Sesto mora.
(*sotto scrive*)
Eccoci aspersi
Di cittadino sangue, e s'incomincia
Dal sangue d'un amico. Or che diranno
I posteri di noi? Diran, che in Tito
Si stancò la clemenza,
Come in Silla, e in Augusto
La crudeltà: che Tito era l'offeso,
E che le proprie offese,
Senza ingiuria del giusto,
Ben poteva obbliar. Ma dunque faccio
Sì gran forza al mio cor. Né almen sicuro
Sarò ch'altri l'approvi? Ah non si lasci

34. Corrisponde a **M** (III, 7) con tagli radicali.
35. "Contumace infedeltà", ostinata, orgogliosa.

Il solito cammin…
(*lacera il foglio*)
Viva l'amico!
Benché infedele. E se accusarmi il mondo
Vuol pur di qualche errore,
M'accusi di pietà non di rigore.
(*getta il foglio lacerato*)
Publio.

Scena dodicesima[36]

Detto, e Publio*.*

Publio
Cesare.

Tito
Andiamo
Al popolo, che attende.

Publio
E Sesto?

Tito
E Sesto,
Venga all'arena ancor.

Publio
Dunque il suo fato?…

Tito
Sì, Publio, è già deciso.

Publio
(Oh sventurato!)

36. Sia il recitativo che l'aria corrispondono a **M** (III, 8) senza varianti.

[*N. 20 – Aria*]

Tito

Se all'impero, amici Dei,
Necessario è un cor severo;
O togliete a me l'impero,
O a me date un altro cor.[37]
Se la fé de' regni miei
Coll'amor non assicuro;
D'una fede non mi curo,
Che sia frutto del timor.

(*parte*)

Scena tredicesima[38]

Vitellia *uscendo dalla porta opposta, richiama* Publio, *che seguita Tito.*

[*Recitativo*]

Vitellia
Publio, ascolta.

Publio (*in atto di partire*)
Perdona,
Deggio a Cesare appresso
Andar.

Vitellia
Dove?

Publio
All'arena.

37. "Ciel… / reprenez le pouvoir que vous m'avez commis, / si, donnant des sujets, il ôte les amis" (Corneille, *Cinna*, IV, 2)
38. Corrisponde a **M** (III, 9) senza varianti.

Vitellia

E Sesto?

Publio

Anch'esso.

Vitellia

Dunque morrà?

Publio

Pur troppo.

Vitellia

(Ohimè!) Con Tito

Sesto ha parlato?

Publio

E lungamente.

Vitellia

E sai

Quel, ch'ei dicesse?

Publio

No: solo con lui

Restar Cesare volle: escluso io fui.

(*parte*)

Scena quattordicesima[39]

Vitellia, e poi Annio, e Servilia da diverse parti.

Vitellia

Non giova lusingarsi:

Sesto già mi scoperse. A Publio istesso

39. Sia il recitativo che l'aria corrispondono a **M** (III, 10) senza varianti a parte un taglio di pochi versi al termine del recitativo.

Si conosce sul volto. Ei non fu mai
Con me sì ritenuto. Ei fugge: ei teme
Di restar meco. Ah secondato avessi
Gl'impulsi del mio cor. Per tempo a Tito
Dovea svelarmi, e confessar l'errore.
Sempre in bocca d'un reo, che la detesta,
Scema d'orror la colpa. Or questo ancora
Tardi sarìa. Seppe il delitto Augusto,
E non da me. Questa ragione istessa
Fa più grave...

Servilia
Ah Vitellia!

Annio
Ah principessa!

Servilia
Il misero germano...

Annio
Il caro amico...

Servilia
È condotto a morir.

Annio
Fra poco in faccia
Di Roma spettatrice
Delle fere sarà pasto infelice.

Vitellia
Ma che posso per lui?

Servilia
Tutto. A' tuoi prieghi
Tito lo donerà.

Annio

Non può negarlo
Alla novella Augusta.

Vitellia

Annio, non sono
Augusta ancor.

Annio

Pria che tramonti il sole
Tito sarà tuo sposo. Or, me presente,
Per le pompe festive il cenno ei diede.

Vitellia

(Dunque Sesto ha taciuto! oh amore! oh fede!)
Annio, Servilia. Andiam. (Ma dove corro
Così senza pensar?) Partite, amici,
Vi seguirò.

Annio

Ma se d'un tardo aiuto
Sesto fidar si dèe, Sesto è perduto.
(*parte*)

Servilia

Andiam. Quell'infelice
T'amò più di se stesso: avea fra labbri
Sempre il tuo nome. Impallidia qualora
Si parlava di te. Tu piangi!

Vitellia

Ah parti.

Servilia

Ma tu perché restar? Vitellia ah parmi…

Vitellia

Oh Dei! Parti: verrò: non tormentarmi.

[*N. 21 – Aria*]

Servilia

S'altro che lacrime
Per lui non tenti:
Tutto il tuo piangere
Non gioverà.
A quest'inutile
Pietà che senti,
Oh quanto è simile
La crudeltà.

(*parte*)

Scena quindicesima[40]

Vitellia *sola.*

[*N. 22 – Recitativo accompagnato*]

Vitellia

Ecco il punto, o Vitellia,
D'esaminar la tua costanza. Avrai
Valor che basti a rimirar esangue
Il tuo Sesto fedel? Sesto, che t'ama
Più della vita sua? Che per tua colpa
Divenne reo? Che t'ubbidì crudele?
Che ingiusta t'adorò? Che in faccia a morte
Sì gran fede ti serba, e tu frattanto
Non ignota a te stessa, andrai tranquilla

40. Il recitativo corrisponde a **M** (III, 11) con un piccolo taglio in coda e l'eliminazione dell'aria conclusiva di Vitellia "Getta il nocchier talora", sostituita dal rondò "Non più di fiori".

Al talamo d'Augusto? Ah mi vedrei
Sempre Sesto d'intorno; e l'aure, e i sassi
Temerei che loquaci
Mi scoprissero a Tito. A' piedi suoi
Vadasi il tutto a palesar. Si scemi
Il delitto di Sesto,
Se scusar non si può, col fallo mio.
D'imperi, e d'imenei speranze addio.

[*N. 23 – Rondò*][41]

Vitellia

Non più di fiori
Vaghe catene
Discende Imene
Ad intrecciar.
Stretta fra barbare
Aspre ritorte
Veggo la morte
Ver me avanzar.
Infelice! qual orrore!
Ah di me che si dirà?
Chi vedesse il mio dolore,
Pur avrìa di me pietà.

(*parte*)

41. Testo di Mazzolà, che prende spunto dalle ultime parole del recitativo di Vitellia in **M**: "Si scemi / il delitto di Sesto / se scusar non si può. Speranze addio / d'impero, e d'imenei! Nutrirvi adesso / stupidità saria. Ma, pur che sempre / questa smania crudel non mi tormenti, / si gettin pur l'altre speranza a' venti". L'aria di Vitellia sostituita era un'aria di paragone: "Getta il nocchier talora / pur que' tesori all'onde, / che da remote sponde / per tanto mar portò; / e, giunto al lido amico, / gli dèi ringrazia ancora, / che ritornò mendico, / ma salvo ritornò" (III, 11).

Scena sedicesima[42]

Luogo magnifico, che introduce a vasto Anfiteatro, da cui per diversi archi scuopresi la parte interna.[43]
Si vedranno già nell'arena i complici della congiura condannati alle fiere.

Nel tempo, che si canta il Coro, preceduto da' Littori, circondato da' Senatori, e Patrizi Romani, e seguito da' Pretoriani esce Tito, e dopo Annio, e Servilia da diverse parti.

[*N. 24 – Coro*]

Coro

Che del ciel, che degli Dei
Tu il pensier, l'amor tu sei,
Grand'eroe nel giro angusto
Si mostrò di questo dì.
Ma cagion di maraviglia
Non è già, felice Augusto,
Che gli Dei chi lor somiglia,
Custodiscano così.

[*Recitativo*]

Tito

Pria che principio a' lieti
Spettacoli si dia, custodi, innanzi
Conducetemi il reo. (Più di perdono

42. Sia l'ambientazione scenografica, che il testo del Coro e del recitativo, corrispondono senza varianti a **M** (III, 12).
43. Si tratta dell'Anfiteatro Flavio, ossia il Colosseo, inaugurato da Tito nell'anno 80, di cui vedi nell'Appendice.

Speme non ha. Quanto aspettato meno
Più caro esser gli dèe.)

Annio

Pietà signore.

Servilia
Signor pietà.

Tito

Se a chiederla venite
Per Sesto, è tardi. È il suo destin deciso.

Annio
E sì tranquillo in viso
Lo condanni a morir?

Servilia

Di Tito il core
Come il dolce perdé costume antico?

Tito
Ei si appressa: tacete.

Servilia

Oh Sesto!

Annio

Oh amico!

Scena diciassettesima[44]

Publio e Sesto fra' Littori, poi Vitellia e detti.

Tito
Sesto, de' tuoi delitti
Tu sai la serie, e sai
Qual pena ti si dèe. Roma sconvolta,
L'offesa maestà, le leggi offese,
L'amicizia tradita, il mondo, il cielo
Voglion la morte tua. De' tradimenti
Sai pur ch'io son l'unico oggetto: or senti.

Vitellia
Eccoti, eccelso Augusto,
Eccoti al piè la più confusa…
(s'inginocchia)

Tito
Ah sorgi,
Che fai? che brami?

Vitellia
Io ti conduco innanzi
L'autor dell'empia trama.

Tito
Ov'è? Chi mai
Preparò tante insidie al viver mio?

Vitellia
Nol crederai.

44. Tutto il recitativo corrisponde, senza varianti, a **M** (III, 13).

Tito

Perché?

Vitellia

Perché son io.

Tito

Tu ancora?

Servilia e Sesto

Oh stelle!

Annio e Publio

Oh numi!

Tito

E quanti mai
Quanti siete a tradirmi?

Vitellia

Io la più rea
Son di ciascuno! Io meditai la trama:
Il più fedele amico
Io ti sedussi: io del suo cieco amore
A tuo danno abusai.

Tito

Ma del tuo sdegno
Chi fu cagion?

Vitellia

La tua bontà. Credei
Che questa fosse amor. La destra e 'l trono
Da te sperava in dono, e poi negletta
Restai più volte, e procurai vendetta.

[*N. 25 – Recitativo accompagnato*]

Tito[45]
Ma che giorno è mai questo? Al punto stesso,
Che assolvo un reo, ne scopro un altro? e quando
Troverò, giusti numi,
Un'anima fedel? Congiuran gli astri,
Cred'io, per obbligarmi a mio dispetto
A diventar crudel. No: non avranno
Questo trionfo. A sostener la gara
Già m'impegnò la mia virtù. Vediamo,
Se più costante sia
L'altrui perfidia, o la clemenza mia.
Olà: Sesto si sciolga: abbian di nuovo
Lentulo, e i suoi seguaci
E vita, e libertà: sia noto a Roma,
Ch'io son lo stesso, e ch'io
Tutto so, tutti assolvo, e tutto obblio.

[*N. 26 – Finale. Sestetto con Coro*][46]

Vitellia e Sesto[47]
Tu è ver, m'assolvi, Augusto,
Ma non m'assolve il core,
Che piangerà l'errore,
Fin ché memoria avrà.

45. In **M** (III, 13), molto opportunamente, il recitativo di Tito fino alle parole "o la clemenza mia", è posto fra parentesi.
46. Testo di Mazzolà. In **M** l'opera si conclude con il coro "Che del ciel, che degli dèi" (III, 13).
47. **P**: canta solo Sesto.

Tito

Il vero pentimento,
Di cui tu sei capace,
Val più d'una verace
Costante fedeltà.

Servilia e Annio[48]

Oh generoso! oh grande!
E chi mai giunse a tanto?
Mi trae dagli occhi il pianto
L'eccelsa sua bontà.

Tutti[49]

Eterni Dei, vegliate
Sui sacri giorni suoi:
A Roma in lui serbate
La sua felicità.

Tito

Troncate, eterni Dei,
Troncate i giorni miei
Quel dì, che il ben di Roma
Mia cura non sarà.

Tutti e Coro[50]

Eterni Dei,vegliate
Sui sacri giorni suoi.
A Roma in lui serbate
La sua felicità.

fine

48. P: canta anche Vitellia. Il testo della quartina trae spunto da alcune battute del recitativo conclusivo di Metastasio: "**Annio** e **Publio**: Oh generoso! – **Servilia**: E chi mai giunse a tanto? – **Sesto**: Io son di sasso! – **Vitellia**: Io non trattengo il pianto." (III, 13).
49. P: naturalmente escluso Tito.
50. P: mentre Tito continua a intonare la precedente quartina.

Appendice

L'imperatore Tito Flavio Vespasiano

Il 9 giugno 68, col suicidio di Nerone, si estingue la dinastia Giulio-Claudia, e si apre una breve quanto aspra lotta di successione. Il nuovo imperatore Servio Sulpicio Galba non viene riconosciuto da alcune legioni di stanza sul Reno che, proclamato imperatore il loro comandante Aulo Vitellio, marciano su Roma. Mentre Galba organizza la resistenza, viene assassinato dai pretoriani che il 15 gennaio 69 proclamano suo successore Marco Salvio Otone che, affrontato Vitellio a Betriaco, a occidente di Cremona, il 14 aprile viene sconfitto e due giorni dopo si suicida. Rimasto unico imperatore, Vitellio deve affrontare la rivolta dell'esercito di stanza in Galilea, che il 1° luglio proclama imperatore Tito Flavio Vespasiano, con l'appoggio di molti re orientali e delle legioni del Danubio; queste ultime sconfiggono Vitellio ancora presso Betriaco, conquistano Roma e il 20 dicembre uccidono Vitellio. Il 22 dicembre 69 il senato riconosce Vespasiano quale legittimo imperatore, e ha inizio la dinastia dei Flavi. Nel 70 l'imperatore lascia l'Egitto e giunge a Roma, mentre a Gerusalemme, alla guida dell'esercito, rimane il figlio Tito Flavio Vespasiano.

Figlio di Flavia Domitilla, Tito era nato a Roma il 30 dicembre dell'anno 35 e, ricevuta un'accurata educazione, viene avviato alla carriera militare. Prestante, molto abile nell'uso delle armi e nel cavalcare, buon conversatore in latino e in greco, intorno all'anno 60 milita come ufficiale in Germania e in Britannia, quindi, tornato a Roma, si dedica all'attività forense. Sposa Arrecina Tertulla e, rimasto vedovo, Marcia Furnilla che gli diede la figlia Giulia e altre figlie, e dalla quale in seguito si separò. Nel 67 si unisce al padre, inviato dall'imperatore Nerone a domare la rivolta antiromana in Giudea: in quell'occasione si distingue nell'assedio e nella conquista di Iotapata, dove sconfigge e fa prigioniero il comandante ebreo Giuseppe che, liberato e aggiunto al proprio il nome di Flavio, avrebbe poi raccontato la storia del conflitto nei sette libri della *Guerra giudaica*. Quando il padre, in seguito al suicidio di Nerone, viene nominato imperatore, a Tito viene conferito il comando delle operazioni in Giudea, che egli conduce con grande abilità, fino a quando nel 70 la guerra si conclude con la conquista di Gerusalemme, la distruzione del tempio e l'inizio della diaspora ebraica.

A Cesarea, nel 68, Tito aveva conosciuto l'ebrea Berenice, figlia di Erode Agrippa I re di Giudea, e sorella di Erode Agrippa II, re vassallo di Batanea, un piccolo stato a nord della Galilea, e se ne era invaghito. Nell'estate del 71 torna a Roma, dove ebbe luogo il trionfo per la guerra giudaica, che venne poi testimoniato dall'arco fatto costruire in seguito da Domiziano. In questo periodo, il padre Vespasiano, dopo avergli conferito il titolo di *imperator designatus*, gli concede i più ampi poteri, che Tito esercita, secondo il parere di Svetonio, in modo estremamente risoluto e dispotico, facendo eliminare senza esitazione chiunque gli si mostrasse sospetto. In questo modo si attirò gravi inimicizie, ma provvide saggiamente a creare per sé le condizioni migliori per governare con tranquillità.

Nel 75 Berenice, che aveva lasciato Roma poco dopo il 71, torna a Roma, dove convive con Tito, che forse le ha promesso il matrimonio; ma alla morte del padre (24 giugno 79), quando venne nominato imperatore, si separa dalla donna, cedendo alle pressioni dei senatori che temevano in quella straniera una specie di seconda Cleopatra.

Nel breve periodo del suo impero Tito mutò radicalmente atteggiamento, tanto da meritarsi l'appellativo di *amor ac deliciae generis umani*, amore e delizia del genere umano, e mettendo in luce una grande generosità. Solo due mesi dopo la sua elezione, la rovinosa eruzione del Vesuvio del 24 agosto 79 seppellì Pompei, Ercolano e Stabia, e in quella occasione Tito accorse in Campania per dare soccorso alla popolazione. L'anno successivo, un rovinoso incendio durato tre giorni distrusse, fra l'altro, il Serapeo del Campo Marzio, il tempio di Giove Capitolino, il Pantheon, il Portico di Ottavia, e anche in quell'evento Tito si prodigò in favore della popolazione. Sempre nell'anno 80, con grandiosi giochi gladiatorii che la tradizione vuole siano durati cento giorni, inaugurò l'Anfiteatro Flavio, ossia il Colosseo, i cui lavori erano stati iniziati dall'imperatore Vespasiano sul luogo di un lago artificiale nell'area compresa dalla abbandonata Domus Aurea di Nerone; per l'occasione il poeta Marziale compose gli epigrammi raccolti nel *Liber de spectaculis* ("ogni più vasta costruzione cede di fronte al cesareo Anfiteatro"). Nel medesimo anno inaugurò le Terme di Tito, e diede inizio ai lavori del Tempio di Vespasiano, completato poi dal fratello Domiziano.

Nell'estate dell'81 si recò in Sabina, alla località termale delle *Aquae Cutiliae* nel reatino, e qui morì il 13 settembre; forse è solo una leggenda che fosse stato avvelenato dal fratello Domiziano, che gli successe nella guida dell'impero, e fu l'ultimo rappresentante della dinastia Flavia.